はしがき

この本は、経営哲学や経営理念について、学びたい、考えたいと思っている読者に向けて、その意義は何か、そしてその意義を実現するために必要な考え方、それらを概論としてまとめたものである。主な読者としては、さまざまな規模の企業の経営者、経営幹部を想定しているが、そうした立場をめざしたいと考えている方々にも、もちろん意味があるであろう。

この本の終章の最後の文章が、私の言いたいことを結論的に示している。

「経営者は、自分の経営哲学を持ち、組織と共有できる経営理念を育むことに努めること、それで現場の心に火がつくことをめざすこと、それが大切である。それが、『すばらしい経営』を実現するための（少なくとも一つの）あるべき姿なのである」

すばらしい経営のもとでは、現場が「そこまでやるか」という行動を、自発的にとっている。その自発的な行動をさせている原動力は経営理念だ、と言いたいのである。

この私の締めの言葉と同じことを、本田宗一郎氏がいっている。序章冒頭の小見出しとして使った言葉である。

「人間を動かすスパナは哲学である」

理念や哲学という、フワッとしたものと受け取られかねない抽象的なものが、じつは経営の原点で大きな役割を果たす可能性がある。それを読者に感じて欲しいと思って、この本を書いた。

その可能性は、決して日本に限ったものではない。意外に思われるかも知れないが、アメリカのＩＴ産業のすぐれた経営者の多くが、同じ理念を組織のなかで共有することの大切さを自らの経営において強調し、実践している。グーグルとアマゾンの創業者、ラリー・ペイジ氏とジェフ・ベゾス氏が、そのいい例である。

だから、第Ⅰ章で経営理念や経営哲学を重視する六人の日米の経営者たちの生の言葉を紹介しているのだが、そこには本田宗一郎氏、小倉昌男氏、稲盛和夫氏、松下幸之助氏と並んで、ペイジ氏とベゾス氏を私は入れた。

洋の東西を問わず組織の経営にとって経営理念は意義を持つのだが、その意義の本質を、私は終章のタイトルで表現しようとした。

「そこそこの経営、いい経営、すばらしい経営」

世の中のさまざまな経営には、悪いものもあれば、そこそこの経営、いい経営もある。さらに、いい経営のその先に、すばらしい経営がある。そして、そこそこの経営をいい経営に進化させる鍵は、戦略が握っている。きちんとした戦略を持てるかどうかで、いい経営が実現できるかどうかが決まる。戦略論を専門の一つとして多くの本を書いてきた私は、そう考えている。

さらに、いい経営をすばらしい経営に進化させる鍵が経営理念だ、というのがこの本の主張である。つまり、

「いい戦略＋いい理念＝すばらしい経営」

なのである。

いい経営からすばらしい経営への道は、簡単な道ではない。そのラストワンマイルを、

経営者の経営哲学や企業の経営理念が歩ませてくれる。運んでいってくれる。なぜそこまで現場がやるか、というラストワンマイルには哲学・理念の貢献がある。

そう考えるに至り、一冊の本を書くことになった。なぜラストワンマイルを経営理念が運んでくれるか、を説明するのに、それだけの長さが必要だったのである。

しかし、序章の最後の項のタイトル（「しかし、安易に考えない方がいい」）が象徴しているように、私は経営理念が大きく貢献する経営が簡単だとは思っていない。むしろ、空疎な言葉だけが並ぶような、安易に見える経営理念の議論も多いのではないか、と危惧している。

だからこそ、本のなかばで一章を設けて、「理念経営の落とし穴」を書かざるを得ないと思ったのである。ミッション、バリュー、パーパスとカタカナ経営用語を使った議論が流行になっている最近の動きに、意味あることと思う一方で、落とし穴も大きいと警鐘を鳴らしたかった。

この本を書くきっかけをつくってくれたのは、私が七〇代になってから始めた伊丹経営塾、伊丹戦略塾の事務局をやってくれている、スタディス株式会社の津田維一さんである。彼は、本職はプロパンガス販売の中小企業の経営者で、一橋大学ＭＢＡプログラムの卒業生でもある。その彼が、「経営理念の本を書いて欲しい」という。彼と同じような中小企業の経営者がより大きく成長するためには、経営哲学や経営理念をしっかり持つことが重要だと思うようになったが、伊丹自身に経営理念をくわしく語った本がないことが残念だ、というのである。

こうして、いわば読者代表のリクエストに応じて書いたのがこの本なのだが、多くの読者にも意味のある本になっていることを祈りたい。

そして、こんなコンセプトの本を急に私から提案したのに、素早く現実の本にする企画・編集プロセスを進めてくださった日経ＢＰの堀口祐介さんには、いつものことながら感謝の念を明記したい。

伊丹敬之

二〇二四年初夏

目次

II

経営理念＝企業理念＋組織理念、その背後に経営哲学

III

経営者自身の羅針盤としての経営哲学　111

Ⅴ 理念経営の落とし穴 191

Ⅵ 経営理念を育むプロセスの設計 221

序章

なぜ、
そこまでやるのか、
やれるのか

経営理念が
現場の心に
火をつける

人間を動かすスパナは哲学である

この本は、企業の経営にとってきわめて重要と多くの方がいい、私もそう考えている、経営哲学や経営理念について語る本である。そして、経営理念がいかに企業の現場を導き、現場の心に火をつけるか、それを考える本である。

その本を、読者には意外と思われるかも知れない人の言葉で始めたい。それが、この項のタイトルにした、本田技研工業（以下、ホンダ）の創業者・本田宗一郎（以下、本田）の言葉である。スパナという自動車修理工出身の本田には手慣れたひらたい表現を、哲学というむつかしげな言葉にかぶせるのは、いかにもざっくばらんな本田らしい。そして本田は、さまざまなスパナで現場の心に火をつけた経営者だった。

経営哲学や経営理念というと、日本の経営者では松下幸之助（以下、松下）や稲盛和夫（以下、稲盛）を思い出す人が多いだろう。本田は、そうした言葉とは無縁の、行動の人というイメージではないだろうか。しかし、彼は哲学の人でもあった。本田は、人は哲学や思想で動く、と心底思っていたのである。理念は人を動かす、といってもいい。

その意味を解説する彼自身の、次のような言葉がある（本田の言葉はすべて、拙著『人間の達人 本田宗一郎』〔ＰＨＰ研究所〕より）。

「イヌやウマはエサを与えれば言うことを聞くけれど、人間は食べ物だけでは動きません。どうしても『納得』という要素が必要で、その中味は哲学的なものですよ」

「哲学的に納得」という言葉がキーワードである。理念として、あるいはものの考え方として納得したら、人間は自発的に動く。納得しなければ、仮に食べ物（お金）をもらえるからと動いたとしても、動きは鈍いだろう。彼は、そう言いたいのである。「理念は人を動かす」ということの本質である。

彼は、経営における哲学の大切さについて、他にもこんな言葉を残している。

「哲学のない人には、経営はできない。機械には燃料と潤滑油を与えれば動くが、哲学のない経営者のもとでは、人はよく動かないからである」

「しっかりした思想と哲学をもたない企業は、これから先もつぶれていくだろう」

「理念なき行動は凶器であり、行動なき理念は無価値である」

これらの言葉に、松下や稲盛はもちろん賛成するだろう。そして、次章で紹介する、ヤマト運輸の小倉昌男（以下、小倉）、グーグルの創業者ラリー・ペイジ（以下、ペイジ）、アマゾンの創業者ジェフ・ベゾス（以下、ベゾス）も、賛成するだろう。

哲学あるいは理念とは、「ものの考え方の基本」である。その意義は、経営者個人の「考え方の基本」（経営哲学と呼ぶことにする）という形で意義があることもあれば、組織のメンバーが共有する「考え方の基本」（経営理念と呼ぶことにする）という形で意義があることもあるだろう。こうした言葉の意味の整理は、第Ⅱ章で行いたい。

哲学とか理念とか、むつかしげな言葉を使わざるを得ないのだが、その内容を表現する際には、抽象的な言葉が多く登場する必要はない。人間という生き物の道理、世間というものの道理、自然と技術の道理、をわかりやすい、手触り感のある言葉で表現したもので十分である。大切なのは、それが深く信じられていることと、とくに経営理念の場合には組織内で共有されていることである。

そうした経営理念の存在と共有ゆえに人心が統一されると、現場が驚くような行動をとってくれる。それも、上からの指示・命令がなくても、現場が自発的に（あるいは勝手に）動いてくれる。そんなめざましい例を、この本で取り上げる経営者の企業から、日米一つずつ実例を紹介しよう。

なぜ、そこまでやるか、やれるのか。「理念は人を動かす」という実例であり、経営理念が現場の心に火をつけた例である。

ヤマト運輸——東日本大震災への対応

二〇一一年三月一一日に発生した東日本大震災で東北地方の太平洋沿岸が大津波に襲われたとき、当然にこの地域でのヤマト運輸の従業員、営業所、車両、すべてが大きな被害を受けた。本社との連絡が一切とれなくなった営業所も多く、また社員たちの多くが自宅や職場が津波に流されて身動きがとれなくなっていた（以下の叙述は、『ヤマト正伝』〔日経ＢＰ〕第6章と『ケースブック 経営戦略の論理（全面改訂版）』〔日本経済新聞出版〕第3章を材料にしている）。

しかしそのなかで、震災発生の数日後にはセールスドライバー（ヤマトでは、配送するドライバーをこう呼んでいる）をはじめとする被災した社員たちが、全国から続々と送られてくる救援物資の輸送協力を始めていた。被災地の役場に行き、救援物資輸送の無償協力を申し出たのである。それも、数カ所で同時に起きていた。

全国から被災地の自治体に救援物資が集まったものの、どこに何があるかを把握し、どのように避難所に届けるかを指揮できる能力が自治体にはなかった。だから、救援物資の集積所が混乱して被災者に物資がきちんと届いていない状況だった。それを見た物流のプロたちが、黙っていられなかったのである。

本社からの指示があったわけではない。現場の彼らが自分で考え、自発的に動いたのである。自分たちだって被災者として苦しい状況なのに、家に帰ることもなく、会社に泊まり込んで作業を続けた社員もいた。

こうした現場のイニシアティブを知った本社は、喜んでそれを追認した。そして、会社としてもそれをサポートすべきと、早くも三月二二日には「救援物資輸送協力隊」を全国規模で組織し、会社として社員五〇〇人、車両二〇〇台を送り込める体制をつくった。

たとえば宮城県気仙沼市では、大混乱している現場に「ロジスティックスの専門家を送り込みます」というヤマトからの提案を市が受け入れた。そして着手から二日目には何がどこにあるかを把握し、必要なものをさっと出せるようになった。

また、各地の避難所では荷受け主（配達先）を探すヤマトのセールスドライバーの姿があちこちで見られた。どこにいるかわからない荷受け主を探すのは、途方もない作業だったろう。

震災発生のタイミングにぶつかったこの年の四月、新社長に就任する予定となっていたのは木川眞だった。彼は、現場の「勝手な動き」が涙が出るほどうれしかったという。それこそ、「ヤマトは我なり」という社訓で全員経営を経営理念としてきたヤマトのあるべき現場の姿、と思ったのである。また、宅急便は社会的インフラとして使命を持っている、と経営理念で宣言しているヤマトとしても、その宣言通りの行動を現場がとったのである。彼らの努力に会社として報いるために、思い切った行動を木川はとりたかった。それで、社長就任の挨拶のなかで、「被災地復興支援のため、二〇一一年度に扱う全国の宅急便一個につき一〇円を寄付する」と宣言した。

思い切った決断であった。その前年のヤマトの年間宅急便取扱個数は約一三億個だったから、寄付額が一三〇億円を超えることは確実だった。当時のヤマトの純利益の約四割に相当する金額なのである（実際には一四二億円となった）。

木川の決断の底には、被災地域のお客様への恩返しという思いがあった。クール宅急便の成長を支えた大きな部分が、この大震災で壊滅的な打撃を受けた地域の水産業・農業の人々だったからである。したがって、寄付金は、被災地の水産業や農業の復興、病院や保育園の再建などの事業に助成された。

この決断をもっとも喜んでくれたのは社員だった。とくに被災地の社員やその家族は感謝し、たとえば「父の仕事は社会に貢献していると胸を張れる」という言葉が社員の家族から届いたという。木川は意図してなかったというが、社員のモチベーションを上げることにも大きく貢献した社長の決断であった。

木川自身は、この決断は小倉が残した「サービスが先、利益は後」という経営理念が後押ししてくれたからできた決断だった、という。そして、この行動をこの状況で社長がとっていなければ、「サービスが先、利益は後」という言葉は空疎なものになってしまう、だから行動を起こした、と語っている。

経営理念は、現場で勝手に救援物資輸送の無償協力を申し出た社員たちの行動の背後にもあった。彼らは、「全員経営」の理念で自分たちが経営としての判断を行い、しかもその判断は「社会的インフラとしての宅急便」という会社の使命に適っているのである。この緊急時にお役立ちできないのなら、社会的インフラを担うという経営理念は空疎なものになってしまう。

ヤマトの現場も本社も社長も、「理念は人を動かす」ということを東日本大震災時に身をもって示したのである。

グーグル――基本ソフトを現場が勝手につくる

グーグルは、創業者であるペイジとセルゲイ・ブリンがスタンフォード大学の大学院生だったころの一九九八年に設立した企業である。彼らは、起業のための武器として、インターネットの検索エンジンとしてきわめてすぐれたソフトを開発していた（以下の事例の叙述は、『How Google Works』（日経ビジネス人文庫）によっている）。

彼らはこの検索エンジンを無料で全世界のユーザーに提供し、企業としての収入の大半は検索結果を示す画面に表示される広告からの広告料から得ていた。つまり、グーグルにとって売上をもたらしてくれる顧客は広告主であって、ユーザーではない。このビジネスモデルは、今でも基本的に変わっていない。

検索結果と密接に関連した広告（たとえば、インターネット通販業者の広告）が表示されれば、検索したユーザーはその広告に関心を示し、したがって広告主の企業が販売する製品に目を向ける可能性が高まる。だから、どの検索結果にどんな広告を表示するかは、広告主にとっての広告の効率を決める大きな要因となり、それは広告料金と広告量にはね返ってくる。また、「世界の情報を瞬時に誰にでも提供する」というグーグルが掲げる企業の使命からしても、ユーザーにあまり意味のない広告画面を見せることは、その使命に反することになる。

だから、検索された言葉に関連の深い広告を掲示できるようなソフトは、グーグルにとってきわめて基本的に重要なソフトなのである。現在に至るまで使われているその基本ソフトの原型は、広告ソフトの担当でもなかったグーグルのエンジニアのグループが、週末に勝手に開発したものだった。だから、この項のタイトルを「現場が勝手につくる」としたのである。そのプロセスは、以下のように、「理念が人を動かす」ということの好例であった。

グーグルが創業されてから四年が経った二〇〇二年のある金曜日の午後、ペイジが本社にあるビリヤードルームの脇のカフェテリアの掲示板に、ウェブページのプリントアウトを張り出した。

それはグーグルの検索結果表示ページで、当時使われていた広告エンジン（どの広告を検索ごとに掲載するかを判断するソフト）が表示すべきと判断したネット通販業者の広告がいくつか出ていた。その広告がいずれもほとんど検索語と関連がない、だからユーザーにとって意味がないと不満を感じたペイジは、「この広告表示はムカつく」と自分でプリントアウトになぐり書きをして、掲示板に張り出したのである。

そして、誰にも「広告エンジンを検討するように」というような指示を出すわけでもなく、家にすぐに帰ってしまった。もちろん、誰かが反応することを期待していたのだろう。そこが、グーグルがふつうの会社と違うところだった。

ペイジは正しかった。この掲示板をたまたま見た、広告エンジンチームとは無関係の一人のＩＴエンジニアが、「世界中の情報を整理し、世界中の人々がアクセスできて使えるようにする」という使命を掲げる会社として、この広告掲載結果はよくない、ペイジの不満はもっともだ、と感じた。そこで彼はすぐに他の四人のエンジニアに声をかけて、新しいエンジン候補のソフトの骨格を自分たちだけでつくりはじめたのである。

そして、五人の間に情報交換と議論という「仲間の間の相互刺激プロセス」が週末の短い時間に忙しく行われた結果、「広告は検索語との適合度にもとづいて表示すべき」とする、そしてその適合度スコアを計算する、ソフトの原型ができあがった。そのうえ、それが現行ソフトよりすぐれていることを証明することまで彼らはきちんと行った。すべて、週末に行われたのである。

そして月曜の朝には、それらの結果すべてをペイジを含めて関係者にメールで送った。それが、グーグルの収入の大きな部分をあげる「アドワーズ」という広告エンジンの基本型の誕生の瞬間だった。

彼らは広告エンジンへの責任を持つ立場にあったわけではなく、ペイジの指示を受けたのでもない。ただ、ペイジの張り紙をたまたま見るチャンスがグーグルの施設には用意されていた。そして、「ムカつく」という創業者の「激しい言葉」に刺激されて、一人が勝手に動きはじめたのである。そして、その最初の「勝手な行動」に呼応して、週末にソフトをつくりあげるところまでやる仲間がいた。

そうした現場の自由な（あるいは勝手な）行動を許す、さらには奨励する雰囲気が、グーグルにはあった。現場の自律性を強調する、というのがペイジの経営哲学だったのである。だから彼らは、ペイジも含めて多くの人に自分たちの結果のメールを送ることを自然に行い、彼らのソフトの威力を多くの人がすぐに知ることとなった。

事の本質は、みんなが「勝手に」あるいは「自由に」動き出す、ということである。そして現場の五人は勝手に相互に刺激し合って、議論を重ねていった。それでいて、彼らの「勝手な行動」は、会社がめざす方向性と見事に合っている。

そうなった大きな理由の一つは、会社の理念が明確に彼らに伝わっていたからである。「世界中の情報を整理し、世界中の人々がアクセスできて使えるようにする」という企業の使命についての理念である。さらに、次章でくわしく解説するグーグルの経営理念の一つに、「ユーザーに焦点を絞れば、他のものはみな後からついてくる」というものがある。この週末ソフト開発グループは、その理念をも信じていた。だから、ユーザーの検索との適合度スコアを計算するソフトこそ大切、とすぐに考えたのである。

その判断は、「ユーザー（検索する人）起点」であって、「顧客（広告を出す人）起点」ではない。広告料をたくさん払っている顧客の広告を表示しようと意図するような判断ではなかった。しかし、ユーザーに焦点を絞って成功すれば、顧客は後からついてくる、という理念を、彼らはきちんと理解していた。

ペイジの経営哲学である自律性の重視、グーグルの企業としての理念である「世界中への適切な情報の提供」、そして焦点の絞り方についてのグーグルの経営理念である「ユーザー起点」。これらの理念が、週末ソフト開発の背後にあった。理念が人を動かしたのである。

しかし、安易に考えない方がいい

理念が人を動かした、と前項の終りに述べたが、その文章の意味は気をつけて解釈されるべきである。安易に考えない方がいい。

第一に、それは決して、「理念さえあれば、それだけで人は動く。大きく動く」という意味ではない。理念「だけを」強調するのは、間違いであり、しばしば危険である。

経営には、事業活動の設計図としての戦略が重要な役割を果たすし、組織のなかの役割分担と管理の仕組みとしての経営システムも重要である（こうした経営の全体像については、第Ⅱ章でふたたび触れよう）。そうした経営の基礎の仕組みがきちんと整えられたうえで、そこに理念が加わると、現場の自律的動きを導く大きな力になる。

その結果として、「そこまでやるか」というような動きが現場で生まれる可能性がある。現場が常識の壁を乗り越える追加的な大きな努力を払うのである。経営理念が現場の心に火をつけたからである。

それが、二〇一一年の東北地方で起き、二〇〇二年のカリフォルニアで起きた。ヤマトでもグーグルでも、戦略はきちんとあり、経営システムも彼らの独自の仕組みが整えられている。そこに理念が加わったからこそ、「理念が人を動かす」と表現すべき現場の動きが生まれたのである。

したがって、戦略が的外れで管理の仕組みもいい加減な企業で、経営者が安易に経営理念を強調しても、現場で人が適切に大きく動くことは期待できない。むしろ、現場は白ける危険が大きいだろう。

「理念が人を動かす」ことを安易に考えない方がいい第二の理由は、そうした「理念をベースに置く経営」（理念経営と呼ぼう）の実現は、かなりむつかしいもので、多くの準備的思考や覚悟、そして実行の努力が必要だからである。実現が容易だと思わない方がいい、という意味で安易に考えない方がいいのである。

たとえば、人の心に訴えるような経営理念をつくり、かつそれを組織の人々に信じてもらうのは、簡単ではない。美辞麗句だけでは、人の心は動かない。経営者が自ら本気度を示さなければ、現場は動かない。

この本は、経営理念が本当に機能するためには、どのような条件が必要かを考える。経営理念を育むプロセスをきちんと行い、その結果を理念として言葉で表現するだけでなく、その伝え方、それへの経営者のコミットメントの示し方、そして真に現場まで理念が浸透するプロセスのあり方、などなど、さまざまに考えるべきことがある。そうした諸々のことが揃って、はじめて現場の心に火がつく。だから、一冊の本が必要になるのである。

しかし、むつかしくはあっても、真に機能する理念経営は可能であるし、実際に実現している企業もある。そんな理念経営を実現できたとき、組織は大きな飛躍をとげる可能性が高くなる。

そこそこの経営をするだけならば、経営理念など考えなくてもいい。しかし、「すばらしい経営」のためには、経営理念が重要な役割を果たすのである。そのすばらしさの象徴が、現場の心に火がついている、という現象である。

I

六人の経営者の哲学・理念という羅針盤

経営理念が
現場の心に
火をつける

さまざまな羅針盤

この本で語ろうとする理念経営とは、経営者や組織の現場の人々が、理念的な羅針盤をそれぞれに持ち、その羅針盤の示す方向に自分たちの行動の焦点を持っていこうとする経営、それによって組織としてのエネルギーが高まり、集中されるような経営である。だから、経営理念が現場の心に火をつけることができる。

その羅針盤には、さまざまなものがあるし、人間の個性によってその表現も多様になりうる。この章では、本全体で語りたいことの具体的イメージを読者とまず共有しておきたい。それも、名経営者たちと彼らに率いられた企業のさまざまな羅針盤の具体例を、かなりくわしく読者にお見せしたい。

羅針盤とは、経営者自身を導く羅針盤もあるし、組織のメンバーの行動やその背後の思考を導く羅針盤もあるであろう。この本では、前者を経営哲学、後者を経営理念、と呼ぶことにしたい。

そしていずれの羅針盤の場合でも、その表現は経営者や企業の個性を反映してさまざまである。ただ、そこには洋の東西を問わない共通性もまたかなりある。その多様性と共通性を、第Ⅱ章以降の議論の前提として読者に感じてもらえるように、経営者たちの言葉をなるべく生の形で紹介したい。

取り上げる経営者は、本田宗一郎、小倉昌男、ラリー・ペイジ、稲盛和夫、ジェフ・ベゾス、松下幸之助である。ペイジ（グーグルの創業者）やベゾス（アマゾンの創業者）が、松下や本田と同列で紹介されていることに驚かれる読者もおられるかも知れない。しかし、この六人の経営者の経営哲学や彼らが組織のメンバーと共有しようとした経営理念には、もちろん相互に違いはあるものの、その本質では類似性もかなり大きい、ということもまた感じていただけるだろう。

彼らの生の言葉をこの章では紹介するので、経営哲学、経営理念、企業理念、組織理念、企業の目的、行動指針などの言葉の整理がこの章ではつきにくいかも知れない。その整理は、第II章でやりたい。

本田宗一郎——三つの喜び

前章で紹介したように、哲学という「ものの考え方の基本」を大切にした本田は、自分自身のための羅針盤と組織のメンバーのための羅針盤、その両方を意識したと思われる。だから彼は「羅針盤文書」とでも呼ぶべきものを社内報で、創業間もない頃からいくつか発表している。

一九四六年に創業された本田技術研究所は、四八年に株式会社本田技研工業（以下、ホンダ）として法人化された。その正式発足からわずか三年後に発表された文書が、五一年一二月の社内報（「ホンダ月報」）に掲載された「三つの喜び」と題する、「我が社のモットー」についての文書である。当時のホンダは、東京に支店を開設してはいたが、まだ浜松の中小企業であった。ただし、かなりのスピードの成長の最中であった。その「モットー」の全文を引用してみよう。本田の哲学がかなり明確に出ている。

「私は、我が社のモットーとして『三つの喜び』を掲げている。即ち三つの喜びとは造って喜び、売って喜び、買って喜ぶという三つである。

第一の造る喜びとは、技術者にのみ与えられた喜びであって、造物主がその無限に豊富な創作欲によって宇宙自然の万物を造ったように、技術者がその独自のアイデアによって文化社会に貢献する製品をつくりだすことは何ものにも変えがたい喜びである。しかもその製品が優れたもので社会に歓迎されるとき、技術者の喜びは絶対無上である。技術者の一人である私は、そのような製品を作ることを常に念願とし努力している。

第二の喜びは、製品の販売に携わる者の喜びである。我が社はメーカーである。我が社で作った製品は代理店や販売店各位の協力と努力とによって、需要者各位の手に渡るのである。この場合に、その製品の品質、性能が優秀で、価格が低簾である時、販売に努力される方々に喜んでいただける事は言うまでもない。良くて安い品は必ず迎えられる。よく売れるところに利潤もあり、その品を扱う誇りがあり喜びがある。売る人に喜ばれないような製品を作る者は、メーカーとして失格者である。

第三の喜び、即ち買った人の喜びこそ、もっとも公平な製品の価値を決定するものである。製品の価値を最も良く知り、最後の審判を与えるものはメーカーでもなければデーラーでもない。日常製品を使用する購買者その人である。『ああ、この品を買ってよかった』という喜びこそ、製品の価値の上に置かれた栄冠である。私は我が社の製品の価値は、製品そのものが宣伝してくれるとひそかに自負しているが、これは買ってくださった方々に喜んでいただけることを信じているからである。

三つの喜びは我が社のモットーである。私は全力を傾けてこの実現に努力している。従業員諸君は、このモットーに背く事のないように努力せられたく、また代理店各位におかれては私のこの念願を理解せられて協力を賜らんことを切にお願い申し上げる」

（拙著『本田宗一郎　やってみもせんで、何がわかる』ミネルヴァ書房、77ページ）

この文書は、従業員と代理店の両方に対して書かれたもので、彼らの羅針盤になることを本田は願っている。この「三つの喜び」は、その後もホンダ社内で伝承され、二〇二四年現在でもHonda フィロソフィーの基本理念の一部として、ホームページにも掲載されている。

ただし、顧客志向をより強く反映するつもりであろうか、三つの喜びの登場順序が変わり、「買う喜び」「売る喜び」「創る喜び」（造る喜びから言葉が変わっている）という順序になっている。果たしてこの順序変更を本田自身はよしとするかどうか、疑問の余地もありそうだ。

そして、「三つの喜び」発表の三年後の一九五四年、ホンダはエンジンの不良によって主力製品での返品が相次ぐ事態となった。倒産の危機といってよかった。その最中にあえて本田は、「わが社存立の目的と運営の基本方針」を社内に発表した。それは、日頃から彼がいっていたことのまとめの文章ではあったが、危機の最中の理念再確認という異例のものだった。

「存立の目的」としては、三つの喜びが目的として謳われ、「この三つの喜びが完全に有機的に結合してこそ、生産意欲の昂揚と技術の向上が保証され、経営の発展が期待されるわけであり、そこに生産を通じて奉仕せんとするわが社存立の目的が存在する」と社会への奉仕が高らかに掲げられている。

「運営の基本方針」としては、次の六つの方針が掲げられている。各方針の後の文章は、この社内報文書にある各方針の説明の文章のなかから、私がとくに印象的と考えるものを抜き書きしたものである（以下、ホンダホームページからの引用）。

1．人間完成のための場たらしめること

わが社の職場は生産の場であると同時に、従業員の修養と陶冶の場でなければならないし、そこに蓄積される人間的な力と善意こそ、世界の市場に歓迎される商品を生みだすためのよりどころとなることを確信する。

2．視野を世界に拡げること

わが社とともに全体の水準を上げていくことこそ、日本をよくし、世界をよくする道であることを認識し、目先の利益にとらわれることのないようにしなければならない。

3．理論尊重の上に立つこと

理論は万国に共通し、一国一社に障壁を作らない。理論を尊重し、それに拠って生産を拡大する限り、わが社が世界に伸びることも当然であり、世界の人に喜んでもらえることも充分に確信できる。

4．完全な調和と律動の中で生産すること

清潔整頓ももちろん大事であるが、全従業員が一丸となって、そこに精神的和合を完成したときこそ、まさにこの状態に達するものであることを知らなければならない。

5．仕事と生産を優先すること

資本は目先に動かされやすい。わが社が今日を築き得たのは、常に仕事を優先し、理論と時間とアイデアを尊重してきたからであって、この方針は将来も変更されるべきでない。資本は仕事と生産のために奉仕するものでなければならない。

6．常に正義を味方とすること

常に正しくあることこそ、自分を一番強くすることである。最後の勝利を決するものは正しいか否かということであって、強いか弱いかが勝敗を決するものではない。

この二つの文書で書かれた内容と日頃の本田の言葉をまとめたものとして、ホンダではのちに三代目社長となる久米是志ら中堅が中心となって、ホンダの社是と運営方針が一九五六年に制定された。そして、それらは現在の Honda フィロソフィーに受け継がれている。

ただ、驚くのは、こうした「運営の基本方針」が社員向けに発表されたのが、創業後それほど時間が経っていない八年後、しかも倒産の危機に瀕している最中であることである。そんな本田に、経営者としてのスケールの大きさを感じるのは私だけではあるまい。

こうした自分の経営哲学を組織の現場に伝える道として、社内報以外にももちろん本田の日頃の言動がある。たとえば彼は、工場の朝会でミカン箱の上に乗って、「ホンダはいずれ世界一になるのだ」と毎日のように演説していたという。従業員は半信半疑、あるいは疑い七割で聞いていたのではないか。なにせ、浜松の中小企業なのである。しかし、本田のビジョンの大きさと信念の強さは、従業員たちに伝わっていたであろう。

小倉昌男――サービスが先、利益は後

しかし、本田のようなまとまった文書の社内公開だけが、経営者の哲学を従業員への羅針盤として組織に伝える方法ではない。社内でのスピーチや社内報へのひんぱんな寄稿の機会を使って、自分の考え方を時間をかけて伝える、という方法があってもいい。その一つの例が、宅急便という日本人の生活をかなり根底から変えたイノベーションを成功させた、ヤマト運輸の小倉昌男である。

小倉が宅急便を開始したのは、一九七五年。オイルショック後の大不況のなかで、路線トラックによる商業貨物運送業のヤマト運輸の二代目経営者であった小倉が、経営立て直

しのための大きな挑戦として、個人貨物集配送事業を考え抜いた末に始めたのである。

最初は首都圏限定のサービスとして始めたが、事前によく練られた戦略があり、そして仕事の仕組みもきちんと整備したおかげで、「翌日配達」という配送の早さが利用者の度肝を抜き、大きな支持を集めた。その結果、宅急便は急速に社会に普及していった。

その成功は、彼の哲学を深める効果も持ったようだ。たとえば、宅急便開始から三年後の一九七八年一二月の社内報に、小倉はこんなことを書いている。


「宅急便を始めてみて、会社は営利を目的とするというういい分は間違っていたのではないかと思う。私たちはお客様を喜ばすことを目的に仕事をする。お客様はそれに感謝しその仕事が長続きするように会社を儲けさせてくださる。それが正しいのではなかろうか」（『やればわかる やればできる』講談社＋α文庫、29ページ）

彼は二代目経営者だから、早い時期から経営哲学を考えたのではなかったようだ。しかし、一面、彼は宅急便の創業者といってもいい。その創業の頃から、哲学への傾斜が深くなる。やはり、「創業」という大きな挑戦の重さと成功の社会的インパクトの大きさが、人に「哲学」を考えさせるのかも知れない。

小倉が会長を退任する際に（一九九五年）、ヤマト運輸は会社としてはじめて経営理念を制定したが、それまではこうした理念的文書を公式にはつくっていなかった。この引退時の理念制定は、いわば、小倉哲学の伝承でもあったようだ。小倉自身が指示しての理念制定ではなかったようだが、後輩の経営陣は小倉の哲学・理念を伝えるようなものを引退を機に自分たちの指針としてつくりたかったのであろう。

その文書は、創業社長による昔からの社訓、このときに定められた経営理念・企業姿勢・社員行動指針からなるものだが、その当時までの小倉のさまざまな発言の総まとめの文書といっていいだろう。現在もヤマトホールディングスのホームページに掲載されている。

ヤマトの社訓は、次の三カ条からなるものである。

一、ヤマトは我なり
一、運送行為は委託者の意思の延長と知るべし
一、思想を堅実に礼節を重んずべし

そして、ホームページには社訓の解説がついている。そこから私なりにピックアップすると、以下のポイントが重要であろう。

「ヤマトは我なり」については、「『全員経営』の精神を意味します。社員一人ひとりが『自分はヤマトを代表している』という意識をもってお客様やパートナーと接し、自ら考えて行動してほしい、という思いを表しています」。

そして第二条については、「ヤマトグループの事業の原点にある『運送行為』は、単に物を運ぶことだけではなく、お客様（委託者）のこころ（意思）をお届けし、お客様（委託者・受取人）に喜びをもたらすことです」。

第三条については、「ヤマトグループは、一人ひとりの社員が責任感を持って自ら考え行動する全員経営を会社の基本としています。これを実践するためには、社会の一員として法律やルールを遵守するとともに、一人ひとりが高い倫理観を持って行動することが大切です。礼儀や節度、言葉遣いや振る舞いはその人の人格を表します」。

こうした社訓を受けて、経営理念として書かれているのは、次の言葉である。企業の目的を書いたものと考えられる。

「ヤマトグループは、社会的インフラとしての宅急便ネットワークの高度化、より便利で快適な生活関連サービスの創造、革新的な物流システムの開発を通じて、豊かな社会の実現に貢献します」

しかし小倉は、こうした総まとめの文書よりも、社内報などでの長い期間の発言（ひんぱんに書いていた）や社内の会議での発言を、現役の経営者としての自分の哲学の発信の場として重視していたように思われる。

そうした発言が記録されていると思われる数多くの小倉語録のなかから、私が彼の経営哲学をとくに印象的に示していると感じるものを、以下にピックアップしてみたい（言葉の表記順序の番号は、彼の言葉を企業全体のことから経営のあり方まで、という流れでまとめた順序の数字で、優先順位ではないし、発言の時間的順序でもない）。

1．会社の価値は「志」のあり方で決まる（『「なんでだろう」から仕事は始まる！（新装版）』ＰＨＰ研究所、39ページ）

2．企業の目的は、端的にいえば、地域社会に対し有用な財やサービスを提供し、併せて住民を多数雇用して生活の基盤を支えることに尽きると思っている（『小倉昌男経営学』日経ＢＰ、289ページ）

3．企業が永続するためには、人間に人格があるように、企業に優れた〝社格〟がな

ければならない（『小倉昌男 経営学』２８８ページ）
4．人間は、お金だけで動く生き物ではない（『「なんでだろう」から仕事は始まる！（新装版）』42ページ）
5．いやな仕事でも、それが何かの役に立っていると思えれば楽しくなるものだ。
そういう仕事の楽しさを社員に与えられない経営者は人を思うように動かすことができず、したがって自分の目的を達することができない（『「なんでだろう」から仕事は始まる！（新装版）』42ページ）
6．座右の銘は、「真心と思いやり」である（『経営はロマンだ！』日経ビジネス人文庫、５ページ）
7．「全員経営」をめざす。それは、経営の目的や目標を明確にしたうえで、仕事のやり方を細かく規定せずに社員に任せ、自分の仕事を責任を持って遂行してもらうことである（『小倉昌男 経営学』１７１ページ）
8．リーダーは仕事を部下に任せなければならない。任せることによって、部下は自分の頭で考えるようになる（『小倉昌男の人生と経営』ＰＨＰ研究所、１５２ページ）
9．経営は論理の積み重ねである（『小倉昌男 経営学』２７１ページ）
10．お客様に喜んでもらうためには、やはり「お客様の論理」を優先して考える必要

がある（『小倉昌男の人生と経営』77ページ）

11．需要はあるものではなく、つくるものである（『小倉昌男　経営学』278ページ）

12．経営者も現場の社員も、つねに自分たちの会社がいい循環を起すように心がけなければいけない（『「なんでだろう」から仕事は始まる！（新装版）』152ページ）

13．サービスが先、利益は後（『経営はロマンだ！』122ページ）

14．経営は攻めの姿勢が大事である（『小倉昌男　経営学』277ページ）

この語録は小倉が深く信じていたものだ、と私は考えているが、その深い信念を私自身が小倉から直接感じた経験がある。一つは、すでに会長を退任していた小倉に、私がある企業の幹部研修での講演をお願いしたときの質疑応答での小倉の答え。もう一つは、二〇〇〇年ごろの日本型経営とアメリカ型経営を論じるシンポジウムに小倉と私がパネリストとして招かれたときの、小倉の発言。

研修での小倉の発言は、先の語録の第一に関係の深いものだった。

小倉の講演後の質疑応答の時間に、受講者の一人がストレートな質問をした。「なぜ、三越の業務から撤退する決断ができたのですか」。宅急便開始後の早い時期に、小倉はヤマトが長い間続けていた三越のお中元・お歳暮などの配送事業から撤退したのである。

小倉は、間髪入れずにこう答えた。

「最後には、神様に聞くんです。それでいいかなとなったら、まず、やってみればいい。やってみれば、分かります。やってみて、まちがっていれば、ごめんなさいと謝ればいい」

そのときの小倉の顔が、私には仏様のように見えた。すっきりとして、迷いがなく、美しい顔つきだった。

小倉がいう「神様に聞く」という言葉には、いろいろな意味がありそうだ。小倉はキリスト教信者であったが、「神様」という言葉はたんにキリスト教における神という意味ではないように私は感じた。その意味の一つは、自分をはるかに超えた大きなものに照らして大丈夫かと考える、ということであろう。それは、この語録の第一にある「志」ということであろう。

シンポジウムでの小倉の発言は、語録の第二に関係の深いものだった。アメリカ型経営に押される日本型経営、というテーマのシンポジウムだった。小倉と私が日本型経営派という色分けだったようだ。

そこでパネリストの一人だったアメリカIT企業の日本法人の社長が、いかにその企業が利益をあげ、経営者が大きな報酬をもらっているかの自慢めいた話をした後の発言の機会に、小倉は憮然とした表情でこう言った。

「自分の後継の経営者たちを一番褒めていいと思うのは、十万人に近い雇用を生み出したことだ」

ラリー・ペイジ――10の事実

「ものの考え方の基本」を大切にしたいと思う経営者は、もちろん日本だけの話ではないし、古い世代だけの話でもない。アメリカのグーグルの創業経営者の一人、ラリー・ペイジ（もう一人はセルゲイ・ブリン）も哲学を大切にする人である。

ペイジはスタンフォード大学の大学院生だった一九九八年に、大学のキャンパスに近い場所でブリンとともにインターネット検索サービスの会社として、グーグルを創業した。そして、その後のグーグルのめざましい成長の歴史は、今やよく知られている。Google Earthという地図の無料サービス、Gmailというインターネットメールの無料サービス、アンドロイドというスマホのOSの無料サービスなど、さまざまなインターネットサービスでの最大手の存在である。

グーグルは創業から数年後に、「私たちが真実だと知っている10のこと」(Ten things we know to be true) を公表した。いわば、グーグルのメンバーたちの「行動指針」である。それを以下で紹介するが、日本語ではグーグルはこれを「10の事実」と呼び、ホームページで philosophy というコラムで今も掲載している。おもにペイジの語録を中心に、社内で議論したうえで公表したものと思われる。

ペイジは、二〇〇四年にニューヨーク証券取引所にグーグル株を上場した際に、「創業者からの手紙」を将来の株主たちに公開した。そのなかでペイジは、「グーグルの最優先事項はエンドユーザーへのサービス」であり、その内容は「どんなトピックについてでも意味のある情報を瞬時に提供すること」だ、と宣言している。これが企業としてのグーグルの目的だ、ということであろう。

グーグルの検索エンジンを無料で利用して検索するのがエンドユーザー、そしてその検索結果を表示する画面に広告を出すのがグーグルの売上収入の大半に貢献する広告カスタマーである。無料利用者のエンドユーザーを最優先するということは、カネを払ってくれる広告カスタマーよりも優先順位が上、ということである。

そして、この「創業者からの手紙」のなかには、以下に紹介する「10の事実」が次から次へと出てくる。たとえば、「エンドユーザーを最優先する」というのは、「10の事実」の第一番の項目なのである。

1. ユーザーに焦点を絞れば、他のものはみな後からついてくる
2. 1つのことをとことん極めてうまくやるのが一番
3. 遅いより速いほうがいい
4. ウェブ上の民主主義は機能する
5. 情報を探したくなるのはパソコンの前にいるときだけではない
6. 悪事を働かなくてもお金は稼げる
7. 世の中にはまだまだ情報があふれている
8. 情報のニーズはすべての国境を越える
9. スーツを着なくても真剣に仕事はできる
10. 「すばらしい」では足りない

この10個の項目のうち、多くの項目はとくに説明の必要はないと思われるが、いくつかの項目については説明があった方がよさそうだ。そこで、グーグルの日本のホームページ

にある解説の一部を引用しておこう。

3. 遅いより速いほうがいい

Googleは、ユーザーの貴重な時間を無駄にしないよう、必要とする情報をウェブ検索で瞬時に提供したいと考えています。自社のウェブサイトにユーザーが留まる時間をできるだけ短くすることを目標にしている会社は、世界中でもおそらくGoogleだけでしょう。

4. ウェブ上の民主主義は機能する

Google検索が成果を出し続けている理由は、何百万人ものユーザーがウェブサイトに張ったリンクを参考に、どのサイトが価値のあるコンテンツを提供しているかを判断しているためです。……ページ間のリンクを「投票」と解釈し、どのサイトが他のページから最も良い情報源として投票されているかを分析します。

5. 情報を探したくなるのはパソコンの前にいるときだけではない

世界はますますモバイル化し、いつどこにいても必要な情報にアクセスできることが求められています。Googleは、モバイルサービスの新技術を開発し、新たなソリューションを提供しています。

9. スーツを着なくても真剣に仕事はできる

Google の社員たちはさまざまなバックグラウンドを持ち、エネルギーと情熱をほとばしらせながら、仕事、遊び、人生に独創的にアプローチしています。Google の社風はカジュアルかもしれませんが、カフェの列やチームミーティング、ジムなどでアイデアが生まれると、またたく間に意見交換が進み、試行錯誤を経て、形になります。

10. 「すばらしい」では足りない

Google にとって、何かに優れているということは、ゴールではなく、出発点にすぎません。Google では、まだ達成できないとわかっていることを目標に設定します。そうすることで、目標達成に向けて全力を尽くし、期待以上の成果を残せるからです。

こうした創業者の経営哲学は、グーグルでは組織のメンバーにかなり浸透している。グーグルの経営のあり方を説明する本、『How Google Works』は、創業後しばらくして経営陣に加わったエリック・シュミットとジョナサン・ローゼンバーグとの共著だが、その第1章のタイトルは「文化」で、副題が「自分たちのスローガンを信じる」である。

その第1章では、「世界の情報を瞬時に誰にでも届ける」というグーグルのミッション(企業目的）や創業者の考え方を、メンバーたちが信じて、ときにとんでもなくいい行動をとっている、という例がくわしく解説されている（その一つが、本書の序章で紹介した週末に基本ソフトを勝手に現場がつくった話である）。

そういう章で本全体が始まっているということは、創業者たちの準備した「スローガン」が空疎な言葉遊びに終らず、人々に浸透していることを意味する。

その浸透を助けるための「行動指針」が先の「10の事実」だが、その背後には創業者の哲学がある。そしてその哲学が強固であることを人々が信じているがゆえに、「10の事実」もまた信じられ、浸透するのである。

ラリー・ペイジの経営哲学の基本は、『How Google Works』に彼がよせた序文の以下の言葉に表現されている。

「グーグルは（組織のメンバーの）この『自律的思考』をあらゆる活動の基礎にしてきた」

「適切な人材と壮大な夢がそろえば、たいていの夢は現実になる。たとえ失敗しても、重要な学びがあるはずだ」

つまり、自律的思考をできるクリエイティブな人材が壮大な夢を持ち、挑戦しつづけること。それがペイジにとっての望ましい組織の姿であり、そうした組織をつくりあげることが彼の経営哲学の基本といえるだろう。

そして、創業者たちの生の言葉（とその言葉で表現された背後の哲学）を従業員たちが直接聞く機会を、グーグルは大切にしてきた。それが、創業者たちの哲学を組織全体に伝えるためのいい機会だからであろう。

その一つの仕掛けが、会社のカフェテリアで毎週金曜の夕方、就業時間終了後に開かれる、誰でも参加していいドリンク付きのミーティングである。TGIF（Thank God, It's Friday の略）と呼ばれるミーティングで、アメリカの大学や大学院では学生たちがこの名のパーティを金曜によく開いている。それがグーグルでは創業者も参加して行われ、そこでは彼らに対するメンバーからの自由質問のための時間が設けられている。まるで、大学院キャンパスのノリなのである。

そこでの質問に対する創業者たちの返事に、ペイジの経営哲学や先にあげた「10の事実」のような言葉のバリエーションがさまざまに出てくる。それが、創業者の哲学を組織に伝える一つの大きな手段になっているのである。ただ、全世界に拡がった巨大組織となってしまったグーグルでは、さすがにこの種の対面のミーティングは無理で、全社ミーティングは今は行われていない。

稲盛和夫——心をベースとした経営

創業から間もない時期に大きな経営上の悩みに遭遇すると、創業者は自分の経営哲学と企業の経営理念を考えはじめることがある。グーグルもそうだったのだろうが、京セラの稲盛和夫の場合もそうだった。

彼は一九五九年に二七歳の若さで京都セラミックという電子機器用のセラミックの会社を創業するが、その二年後に若手の反乱に遭う。定期昇給とボーナスなど将来の保証をして欲しい、その保証をしてくれなければ大勢で会社を辞める、というのである。それをなだめ、彼らの気持ちを聞いて、稲盛は「この人たちが会社に人生を託している」と深く感じた。そして、そんな責任を自分は負えるのか、と自問自答したという。その自問の結果、次の言葉を会社の経営理念としよう、と吹っ切れた。

「全従業員の物心両面の幸福を追求する」

のちに、この言葉に続いて「と同時に、人類、社会の進歩発展に貢献すること」を加えて経営理念を少し拡大した。それが現在も、京セラの経営理念となっている。

京セラのホームページには、この経営理念の上に社是、そして下に経営思想が並び、三点セットとなって掲載されている。

社是は「敬天愛人」。稲盛の同郷（鹿児島）の偉人、西郷隆盛の言葉である。そして経営理念に続く経営思想として、「社会との共生。世界との共生。自然との共生」が掲げられている。

さらにそれに続いて、創業者稲盛の言葉として、「心をベースに経営する」という経営の基本姿勢がホームページに掲載されている。その全文は、以下の通りである。

「京セラは、資金も信用も実績もない小さな町工場から出発しました。頼れるものは、なけなしの技術と信じあえる仲間だけでした。会社の発展のために一人ひとりが精一杯努力する、経営者も命をかけてみんなの信頼にこたえる、働く仲間のそのような心を信じ、私利私欲のためではない、社員のみんなが本当にこの会社で働いてよかったと思う、すばらしい会社でありたいと考えてやってきたのが京セラの経営です。

人の心はうつろいやすく変わりやすいものといわれますが、また同時にこれほど強固なものもないのです。その強い心のつながりをベースにしてきた経営、ここに京セラの原点があります」

この稲盛の言葉は、彼の経営哲学のエッセンスであろう。稲盛は自分の哲学についてさまざまな本を出版している。『京セラフィロソフィ』（サンマーク出版）は六〇〇ページを超える大部な本だし、『生き方』（サンマーク出版）『考え方』（大和書房）という一般向けの本もある。

そうした稲盛の本は、経営哲学というより、人生哲学を述べたものが多い。もちろんその二つの哲学は、彼のなかでは表裏一体なのだろう。『京セラフィロソフィ』でも、第1章は「素晴らしい人生を送るために」という人生哲学を書いたもので、「心を高める」と題する第1節から「人生を考える」という第6節までで、三〇〇ページを超えている。

そしてこの本の第2章が、「経営のこころ」と題する六〇ページほどの章である。これが稲盛自身の経営哲学をコンパクトにまとめて述べたものと考えていいだろう。その節のタイトルは、以下の通りで、まさに彼の経営哲学のエッセンスである。

・心をベースとして経営する
・公明正大に利益を追求する

・原理原則にしたがう
・お客様第一主義を貫く
・大家族主義で経営する
・実力主義に徹する
・パートナーシップを重視する
・全員参加で経営する
・ベクトルを合わせる
・独創性を重んじる
・ガラス張りで経営する
・高い目標をもつ

そして、彼の『考え方』という本は、稲盛が組織のリーダーや社員たちに求めたいと思っていた行動規範がまとめて表現されたものと考えていい。

この本で稲盛は、「人生・仕事の結果＝考え方×熱意×能力」という人生方程式を冒頭に紹介し、とくに「考え方」の大切さを強調する。そして、次のような章立てで彼の「考え方」についての思いを説明していく。

各章のタイトルそのものは、人生哲学の匂いも強いのだが、同時に彼が働く人々に求めているもの（そして自分が自戒して心に留めておきたいこと）をまとめて表現しているようだ。

・大きな志を持つこと
・常に前向きであること
・努力を惜しまないこと
・誠実であること
・創意を凝らすこと
・挫折にへこたれないこと
・心が純粋であること
・謙虚であること
・世のため、人のために行動すること

彼の経営哲学やメンバーに求めたい基本的考え方を組織の人々に伝えるための手段として稲盛自身が使ったものは、二つあったようだ。一つは、『京セラフィロソフィ』に代表される彼の本を、従業員たちに配って、読むことを要請したことである。私は京セラの中国の子会社で現地の中国人女性社員から、「このフィロソフィの中国語のまとめを読んで感激した」と聞いたことがある。

もう一つの手段は、「コンパ」という飲み会である。とくにまだ京セラが巨大になる以前は、稲盛自身があちこちの職場のコンパに参加し、従業員とひざを突き合わせて彼の考えを伝えようとしたのである。グーグルのＴＧＩＦと、趣旨は似ている。

もちろん、会議の場での稲盛の発言も重要であった。とくに、日本航空の再建を彼が引き受けた後、無給の会長として彼がきびしい態度で日本航空の人々に臨んだのは、よく知られている。そうした多くの会議の席で稲盛が繰り返したのは、『考え方』の章立てとして先に紹介したような言葉だったと思われる。そうした「まっとうな考え方」に欠けるところがあったからこそ日本航空は倒産の憂き目にあった、というのが彼の基本スタンスだったと思われる。

ジェフ・ベゾス——リーダーシップの14の原理

アマゾンは、一九九五年にアメリカ・ワシントン州のシアトルでインターネット書店としてサービスを開始した。創業者ジェフ・ベゾスの両親からの投資資金をベースにした、小さな始まりだった。

アマゾンは創業後、いくつかの挫折も経験しながら、驚異的な成長を遂げていく。今や、たんなるインターネット書店の域をはるかに超えて、膨大な種類の商品のインターネット商店であり、他の小売業者のための市場機能（アマゾンマーケットプレイス）と配送機能（フルフィルメントバイアマゾン：ＦＢＡ）を果たす巨大な存在にもなっている。さらに、クラウドソーシングの最大手（アマゾンウェブサービス：ＡＷＳ、かなり離された二位がマイクロソフト）であり、アマゾンエコーやアレクサという音声認識インターネット端末の会社でもある。二〇二三年現在のアマゾンの利益の過半は、クラウドソーシングだという。

そうしたきわめて広い範囲で、驚くべきスピードで成長を遂げてきたアマゾンの背後には、創業者ベゾスの経営哲学が色濃く存在する。とにかく、考えることのスケールが大きく、そして顧客サービスをとことん考えるのである。

その哲学の原点は、一九九七年の株式上場時からベゾスが毎年書いてきた「株主への手紙」に表現されている。この手紙は、株主と同時に、アマゾンの社員を意識して書かれたものと思われ、事実、アマゾン社内で聖書に等しい扱いを受ける、とベゾスの評伝にある（『ジェフ・ベゾス　果てなき野望』日経ＢＰ、98ページ）

手紙そのものはかなり長いものだが、そのタイトルがベゾスの哲学の一部を示している。最初の五年間のものだけを示すと、次のようになる（『Invent & Wander』〔ダイヤモンド社〕より）。

・１９９７　長期がすべて
・１９９８　こだわり（筆者注　イノベーションと顧客体験へのこだわり）
・１９９９　先の先を見据えて事業を築く
・２０００　長期を見据える
・２００１　顧客基盤が最も価値ある資産

長期的思考と顧客体験や顧客基盤へのこだわりが強いことがよくわかる。そのこだわりはそれからも続き、イノベーションへのこだわりに言及したものが加わっていく。

これらのベゾスの哲学は、ベゾス自身が大きな決断を下すときのベースになるものだが、アマゾンが成長して大きな組織になり、事業分野もＡＷＳのようにインターネット小売業とはまったく異なった事業へと拡大していくにつれて、ベゾスの書く「株主への手紙」に組織文化、つまり組織のメンバーが共有しているものの考え方が表れるようになる。

最初の例は、二〇一三年の「あっといわせる」と題した株主への手紙である。そこでベゾスは、「幸運にも、アマゾンでは多数の斬新な発想を持ったメンバーがチームで働き、お客様にこだわって辛抱強く新しい道を切り開いていく文化があります。そこから、お客様のために全社のあらゆる層で大小さまざまなすばらしいイノベーションが毎日生まれています。そのように、イノベーションの担い手が経営層にとどまらず、全社のいたるところに分散されていることこそが、高速で力強いイノベーションを起こせる秘訣です」と、組織文化の意義を高らかに謳っている。

さらに二〇一五年の「一つの大勝ちが多くの実験をまかなう」と題した株主への手紙では、「小売業としてのアマゾンとＡＷＳの共通点は、いくつかの原則を心から気にかけ、その原則に忠実に行動するという際立った組織文化があること」と書いている。まさに、経営理念を組織のメンバーが共有していることを語っているのである。

そして二〇一七年になると、株主への手紙のタイトルが「高い基準の文化をつくる」となって、組織文化がもっと前面に出てくる。経営理念をベースに組織文化をつくり、その文化のもとで現場が自由にさまざまなイノベーションをする、というアマゾンの姿をベゾスは自慢げに書くのである。

そうした組織の経営理念が文書の形で表現されていると思われるのが、アマゾン社内で広く共有されている「リーダーシップの14の原理」という文書である。それは、ベゾスが二〇年以上にわたって書いてきた「株主への手紙」のエッセンスを書いたものであり、それと同時に、彼の経営哲学の中核を表現していると思われる。

以下に紹介する14の原理とその解説は、日本のアマゾンのホームページにあるものの引用である。個々の原理の言葉は短く、説明がないとその内容のエッセンスがわかりにくい。原理そのものの言葉自体は英語のままなので、私による和訳がつけてある（ベゾスがアマゾンのCEOを退いた二〇二一年から、企業の雇用と社会的責任についての15番目と16番目の原理が加わったが、ベゾスの哲学はこの14の原理に集約的に表現されていると思っていいだろう）。

1. Customer Obsession（顧客にとことんこだわる）

リーダーはまずお客様を起点に考え、お客様のニーズに基づき行動します。お客様から信頼を得て、維持していくために全力を尽くします。リーダーは競合にも注意は払いますが、何よりもお客様を中心に考えることにこだわります。

2. Ownership（わがことと考える）

リーダーはオーナーです。リーダーは長期的視点で考え、短期的な結果のために、長期的な価値を犠牲にしません。リーダーは自分のチームだけでなく、会社全体のために行動します。リーダーは「それは私の仕事ではありません」とは決して口にしません。

3. Invent and Simplify（発明し、単純化する）

リーダーはチームにイノベーション（革新）とインベンション（創造）を求め、それをシンプルに体現する方法を常に模索します。リーダーは常に外部の状況に目を光らせ、あらゆる機会をとらえて新しいアイデアを探しだします。それは、自分たちが生み出したものだけにとらわれません。私たちは新しいアイデアを実行に移す時、長期間にわたり、外部の理解を得ることができない可能性があることも受け入れます。

4. Are Right, A Lot（正しくあれ、少なくとも多くの場合に）

リーダーは多くの場合、正しい判断をくだします。そして、優れた判断力と直感を備えています。リーダーは多様な考え方を追求し、自らの考えを反証することもいといません。

5. Learn and Be Curious（学び、好奇心を持つ）

リーダーは学ぶことに貪欲で、常に自分自身の向上を目指し続けます。新たな可能性に好奇心を持ち、探求します。

6. Hire and Develop the Best（最良の人材を採用し、育てる）

リーダーはすべての採用や昇進において、評価の基準を引き上げます。優れた才能を持つ人材を見極め、組織全体のために積極的に開花させます。リーダー自身が他のリーダーを育成し、コーチングに真剣に取り組みます。私たちはすべての社員がさらに成長するための新しいメカニズムを創り出します。

7. Insist on the Highest Standards（最高の水準にこだわる）

リーダーは常に高い水準を追求することにこだわります。この水準が必要以上に高いと感じる人も少なくはありません。リーダーは継続的に求める水準を引き上げ、チームがより品質の高い商品やサービス、プロセスを実現できるように推進します。リーダーは水準を満たさないものは実行せず、見逃さず、問題が起こった際は確実に解決し、徹底的な再発防止策を講じます。

8. Think Big（大きく考える）

狭い視野で思考すると、自分が想像する以上の大きな結果を得ることはできません。リーダーは大胆な方針と方向性を示すことによって成果を出します。リーダーはお客様のために従来と異なる新しい視点を持ち、あらゆる可能性を模索します。

9. Bias for Action（行動することにこだわる）

ビジネスではスピードが重要です。多くの意思決定や行動はやり直すことができるため、過剰な調査や検討に時間をかける必要はありません。計算されたリスクを取ることに価値があります。

10. Frugality（倹約）

私たちは少ないリソースでより多くのことを実現します。倹約の精神は創意工夫、自立心、発明を育む源になります。スタッフの人数、予算、固定費は多ければよいというものではありません。

11. Earn Trust（信頼を勝ち取る）

リーダーは注意深く耳を傾け、率直に話し、誰にでも敬意をもって接します。たとえ気まずい思いをすることがあっても間違いは素直に認めます。リーダーは自分やチームの体臭を香水と勘違いすることはありません。リーダーは常に自らを、そしてチームを最高水準のものと比較し、高みを目指します。

12. Dive Deep（深く突き詰める）

リーダーは常にすべての階層の業務に気を配り、詳細な点についても把握します。頻繁に現状を検証し、指標と個別の事例が合致していないときには疑問を呈します。リーダーが関わるに値しない業務はありません。

13. Have Backbone; Disagree and Commit（自分の信念を持ち、異議があってもコミットする）

リーダーは同意できない場合には、敬意をもって異議を唱えなければなりません。たとえそうすることが面倒で労力を要することであっても、例外はありません。リーダーは、信念を持ち、容易にあきらめません。安易に妥協して馴れ合うことはしません。しかし、いざ決定がなされたら、全面的にコミットして取り組みます。

14. Deliver Results（結果を出す）

リーダーはビジネス上の重要なインプットにフォーカスし、適正な品質でタイムリーにやり遂げます。どのようなハードルに直面しても、立ち向かい、決して妥協しません。

ベゾスにとっては、「株主への手紙」が、自分の哲学の発信の最初の場だった。ただし、従業員のことを十分意識してこの手紙を書いたのだと思われる。そして次第に、社内向けに「14の原理」を整えて、それを哲学発信の文書とした。

そして、会社の会議が、もう一つの彼の哲学発信の場だったようだ。会議の案件の提案者は、パワーポイントを使うことを禁じられ、六枚の紙にきちんと案件の内容や採用すべき理由を文章で書くのが、ベゾスのルールだった。その紙を、会議の参加者全員が会議の冒頭で読むのである。沈黙の時間であろう。その後に、ベゾスからの質問や叱責、ときには褒め言葉が続く。しばしば、きわめてきびしいものになることが多かったようだ。そこでのベゾスの発言のベースに、先に掲げた14の原理があるのであろう。

松下幸之助——経営に魂が入る

日本で経営理念、経営哲学といえば、その元祖のように思われているのが松下電器産業（現パナソニック）の創業者である松下幸之助であろう。

一九一八年に松下電気器具製作所を大阪で創業した松下は、一九三二年（創業から一四年後）に、第一回創業記念式典を開催した。この年、松下は「企業の使命をはじめて知った」という。それでこの年を命知元年と名づけ、「創業記念」式典を開催したのである。その式典の場で、その使命である産業人の本分という考え方を発表する。それがのちに、「水道哲学」という名前で長く呼ばれることになる、「人々に水道の水のように安価で大量の製品を提供することが使命」という考え方である。

そしてその翌年の一九三三年に、社員に持って欲しい行動指針を「五精神」という名前で発表した。それにさらに二つがのちに加わり、綱領、信条、七精神、という三つの考え方としてまとめられて、松下の経営理念となる。それは、現在もパナソニックホールディングスのホームページに、以下の通り、掲載されている。英文の部分も、ホームページにある通りである。

綱領　産業人たるの本分に徹し　社会生活の改善と向上を図り　世界文化の進展に寄与せんことを期す

信条　向上発展は各員の和親協力を得るに非ざれば得難し　各員至誠を旨とし一致団結社務に服すること

私たちの遵奉すべき精神（七精神）

1. 産業報国の精神／Contribution to Society
産業報国は当社綱領に示す処にして　我等産業人たるものは本精神を第一義とせざるべからず

2. 公明正大の精神／Fairness and Honesty
公明正大は人間処世の大本《たいほん》にして　如何に学識才能を有するも此の精神なきものは

以て範とするに足らず

3．和親一致の精神／Cooperation and Team Spirit

和親一致は既に当社信条に掲ぐる処　個々に如何なる優秀の人材を聚《あつ》むるも　此の精神に欠くるあらば　所謂烏合の衆にして何等の力なし

4．力闘向上の精神／Untiring Effort for Improvement

我等使命の達成には徹底的力闘こそ唯一の要諦にして　真の平和も向上も此の精神なくては贏《か》ち得られざるべし

5．礼節謙譲の精神／Courtesy and Humility

人にして礼節を紊《みだ》り謙譲の心なくんば社会の秩序は整わざるべし　正しき礼儀と謙譲の徳の存する処　社会を情操的に美化せしめ以て潤いある人生を現出し得るものなり

6．順応同化の精神／Adaptability

進歩発達は自然の摂理に順応同化するにあらざれば得難し　社会の大勢に即せず人為に偏《へん》する如きにては決して成功は望み得ざるべし

7．感謝報恩の精神／Gratitude

感謝報恩の念は吾人《ごじん》に無限の悦びと活力を与うるものにして此の念深き処如何なる

Ⅱ

経営理念＝企業理念＋組織理念、その背後に経営哲学

経営理念が
現場の心に
火をつける

経営理念＝企業理念＋組織理念

前章の六人の経営者の例から、じつに多様な羅針盤があることがわかったであろう。経営者の数だけ羅針盤の数がある、というべきかも知れない。

そうした羅針盤の体系的な議論をすることがこの本の目的の一つだが、そのために、前章で紹介したそれぞれの羅針盤がどのように組織に機能し、どのように働く人々や顧客へインパクトを与えているかをきちんと考えてみよう。その第一歩として、羅針盤にかかわるさまざまな言葉の定義とそれぞれの相互関係の説明から始めたい。

基礎的な出発点を、経営理念の元祖・松下幸之助がやはり与えてくれる。前章で引用したように、彼は『実践経営哲学』という彼の主著で次のように述べている。

「私は六十年にわたって事業経営に携わってきた。そして、その体験を通して感じるのは経営理念というものの大切さである。いいかえれば、〝この会社は何のために存在しているのか。この経営をどういう目的で、どういうやり方で行っていくのか〟という点について、しっかりとした基本の考えをもつということである」

つまり、企業という存在の使命・目的と、経営のやり方の基本的考え方、その二つが経営理念の内容だ、というのである。たしかに、これがもっともわかりやすい経営理念の定義であろう。

以下では、企業という存在の使命・目的（あるいは自社の事業活動の使命と目的）を「企業理念」という言葉で、経営のやり方の基本的考え方（つまり組織運営の基本方針）を「組織理念」という言葉で呼ぶことにしよう。この組織理念のなかには、働く人々に持って欲しい仕事に対する基本的考え方をも含む、と考えるのが広い定義として適切であろう。

最近、ミッション、バリュー、パーパス、という英語がしばしばこうした理念的言葉の分類の際に使われるが、ミッションとパーパスは企業理念、バリューが組織理念にあたる、と理解していいだろう。

前章で紹介した稲盛のいう「経営理念」（全従業員の物心両面の幸福を追求すると同時に、人類、社会の進歩発展に貢献すること）は、企業理念を示したものと理解すればいい。そして、組織理念としては、現在の京セラのホームページに経営思想として「社会との共生。世界との共生。自然との共生」が掲げられている。さらに、経営思想のすぐ下に「心をベースに経営する」という組織理念と解釈できるものが掲げられている。

小倉とヤマト運輸の例でいえば、経営理念としてホームページで掲げられている「ヤマトグループは、社会的インフラとしての宅急便ネットワークの高度化、より便利で快適な生活関連サービスの創造、革新的な物流システムの開発を通じて、豊かな社会の実現に貢献します」は、ここでいう企業理念にあたると思われる。そして、社訓・企業姿勢・社員の行動指針が組織理念にあたる。

小倉は、企業理念に「社会的インフラとして」という言葉を入れるかどうか、かなり悩んだと言われている。社会的インフラを企業の使命として明言すると、そのインフラを維持整備する社会的責任を自ら引き受けることを公言することになるからである。それでもいい、いやその方がいい、と小倉は考えた。その企業理念が、序章で紹介したような東日本大震災時のヤマトの現場の自主的な物資輸送協力活動につながったのである。宅急便が社会的インフラであると認識していれば当然のことをした、という現場の人々の声なのである。企業理念がはっきりしていることのインパクトの好例である。

同じように、序章で紹介したグーグルの現場でのアドワーズという基本ソフトの「勝手な開発」も、グーグルの企業理念（世界の情報を瞬時に誰にでも届ける）が組織に浸透していたからこそ起きた、すばらしい現場行動の例である。これも、企業理念が明確であることのインパクトの好例である。

グーグルの例でいえば、「10の事実」は組織理念を表現したものと考えていいだろう。

グーグルは企業理念や組織理念をまとまったフォーマットで表現しているわけではないが(日本企業はそうした文書をつくりたがるようだ)、具体的内容としては「10の言葉」は組織理念といっていい。

アマゾンには、企業理念として端的に表現されたものはないようだが、あえていえば、ベゾスが創業の頃から自社の基本目的として語っていた「Everything Store(何でも買える商店)」が企業理念であろう。そして、「リーダーシップの14の原理」が組織理念にあたるものである。

じつはさまざまな言葉の使い方

こうした理念的な言葉の使い方は、それぞれの企業の歴史的発展経路や経営者の個性を反映して、企業によってかなりさまざまである。同じ言葉が、多少異なった使い方をされることもある。もちろん、それで企業としてはまったく構わないが、この本のように多少とも抽象度を上げて体系的な議論をしようとすると、言葉の定義を明確にしておかないと混乱する危険がある。だから、定義に少しこだわっているのである。

たとえば、すでに紹介したように、ヤマト運輸の場合は経営理念という言葉で企業理念を説明し、組織理念と考えられるものが社訓、企業姿勢、社員行動指針に分かれて書かれている。社訓だけ別格扱いになっているのは、これが創業者のつくったものという歴史的事情が大きいのだろう。歴史を残すという意味で、理解できる使い方である。

またヤマトは、組織理念を企業全体の理念としての「企業姿勢」と社員個人に持って欲しい理念としての「社員行動指針」に分けて提示している。これもありえていい、組織理念の細分化の例である。

ホンダの例は、さらに異なった言葉の使い方である。ホンダのホームページにはHondaフィロソフィーがまとまって紹介されているが、それは基本理念、社是、運営方針、の三点セットからなるものである。

基本理念は、人間尊重（自立、平等、信頼）と三つの喜び、という本田宗一郎以来の理念である。そして社是として、「わたしたちは、地球的視野に立ち、世界中の顧客の満足のために、質の高い商品を適正な価格で供給することに全力を尽くす」が次にくる。

最後に、運営方針は、次の五つである。

・常に夢と若さを保つこと
・理論とアイディアと時間を尊重すること
・仕事を愛しコミュニケーションを大切にすること

・調和のとれた仕事の流れをつくり上げること
・不断の研究と努力を忘れないこと

これらの内容と本田が創業間もなくの頃から社内報などで書いてきたものとの連続性は明瞭であるが、ここでの用語でいえば、社是が企業理念を示し、基本理念と運営方針に分かれて組織理念が書かれている。そしてその二つに組織理念が分けて書かれているのは、基礎性と本田宗一郎の思い（三つの喜び）という歴史を残す意図によるものと考えていいだろう。

パナソニックでは、すでに前章で紹介したように、松下幸之助の綱領・信条・七精神からなる経営理念が、ホームページに掲載され、さらにそれに現代的な解説が加えられている。この章での言葉で表現すれば、綱領が企業の使命、つまり企業理念を表現し、信条・七精神が、基本的には組織理念を示し、一部に企業理念が書かれている。

グーグルやアマゾンにはこうした体系的な文書はないが、グーグルの「10の事実」、アマゾンの「リーダーシップの14の原理」ともにホームページに自社組織のリーダーたちに望みたい基本的な姿勢を示す文書として掲載されている。それは、この章の言葉でいえば、組織理念にあたるものが中心と考えていい。

もちろん、企業理念、組織理念というような用語で彼らは語っているわけではない。またホンダ、ヤマト運輸、パナソニック、京セラなどの例と比べると、グーグルとアマゾンの場合は組織理念としてかなり具体性の高い行動指針が書かれているのが特徴であろう。たとえば、グーグルの「ユーザーに焦点を絞れば、他のものはみな後からついてくる」や『すばらしい』では足りない」などは、具体性がかなりある好例である。アマゾンでも、「顧客にとことんこだわる」や「大きく考える」などは、まさに働く人の考え方の指針としてかなり具体性がある。

このように、企業理念についても組織理念についても、その表現は企業によってあるいは経営者によってかなりの多様性があるが、そこには共通する本質もある。それは、経営理念とは(企業理念にせよ、組織理念にせよ)経営側から組織のメンバーに対する「行動や考え方のあるべき姿」についての提案という色彩が強い、ということである。

もちろん、「経営者だけからの提案」ではないかも知れない。組織の幹部たちの意見も組み入れての、あるいは多様な組織のメンバーが議論に参加したうえでの経営理念の表現であることもしばしばだろう。しかし、その形成プロセスで組織のメンバーが参加はしていても、最終的には経営側からの「提案」なのである。

「こう考えると、仕事はうまくいくことが多い」「こんな気持ちで仕事をやれば、やる気が出るだろう」「こんな行動をとって欲しい」という提案である。そしてその提案の対象者としては、組織のメンバーが中心ではあるにせよ、じつは経営者自身も入っている。同じ理念で経営にあたりたい、という思いが、暗黙にせよ入っている。「だからみんなでそうしようではないか」という提案が、経営理念の経営側からの提示なのである。

経営哲学とは経営者個人の哲学

経営理念とよく似た言葉に、経営哲学という言葉がある。この二つの言葉は、異なった意味を持っている、あるいは持たすことができる。だから、その違いをはっきりと認識し、かつ二つの言葉の間の関係をきちんと整理して有効に使うことが大切である。そして、この本のような理念的な経営の姿の議論も、二つの言葉をきちんと使い分けた方が混乱しないで済む。

この本では、経営哲学という言葉を「経営者個人が持つ、企業と経営あるいは仕事・社会・人生に関する基本的考え方」という意味で使いたい。経営理念との対比でいえば、経営理念は組織のメンバーに対する望ましい考え方と行動パターンについての「提案」である（提案の中心人物は経営者であろう）のに対して、経営哲学は経営者個人としての考え方、あるいはその表明なのである。

言葉を換えれば、経営理念は組織のメンバーのための羅針盤、経営哲学は経営者個人のための羅針盤である。

当然のことながら、経営者自身の個人の経営哲学と組織のメンバーのための経営理念の間に矛盾があったりすれば、経営理念は組織のメンバーに受け入れにくいものになるであろう。経営者自身の言動が、経営理念と無関係あるいはときには反対方向のものになれば、当然に現場としてはその経営理念を信じにくいからである。

また、経営理念を組織のメンバーが「正しい」と受け止めなければ、そして経営理念の背後の経営者の経営哲学を「正しい」と受け止めなければ、それを信じてメンバーが自分の行動を経営理念に沿ったものにすることもないだろう。

では、どんな経営哲学が「正しい」のか。客観的な唯一の真実ではなくとも、「十分に世の中で成立しうる正しさ」という程度でもいい。何が正しいのか。

この問題についても、松下幸之助の考え方はやはり参考になる。彼は先に紹介した「経営理念の重要性」について『実践経営哲学』で述べた後、こう続ける。

「その経営理念というものは、何が正しいかという、一つの人生観、社会観、世界観に深く根ざしたものでなくてはならないだろう。そういうところから生まれてくるものであってこそ、真に正しい経営理念たり得るのである。

だから経営者たる人は、そのようなみずからの人生観、社会観、世界観というものを常日ごろから涵養しておくことがきわめて大切だといえる。さらにいえば、正しい人生観、社会観、世界観というものは、真理というか、社会の理法、自然の摂理にかなったものでなくてはならない。……

結局、ほんとうの経営理念の出発点というものは、そうした社会の理法、自然の摂理というところにあるのである」（『実践経営哲学』21ページ）

つまり松下は、人生観、社会観、世界観、というものが経営者個人の経営哲学の根幹になくてはならない、といっている。そして、その経営哲学は「社会の理法、自然の摂理にかなったもの」であれば、真に正しい経営理念のベースたりうる、というのである。

ここでいう哲学とは、むつかしい思弁的な観念などではなく、「自分よりははるかに大きなものに受け入れられる感覚」といってもいいように思う。その感覚を言葉で表現したものが、哲学なのである。

その大きなものに受け入れられるかどうかの見極めの感覚を、松下は「社会の理法と自然の摂理に合っていること」と表現しているのであろう。それは、「世の中が動いている大きな原理」と言い換えられるだろう。小さな存在としての自分たちがいくら努力しても、世の中の大きな原理に反していれば、成果などあがるはずがない。その大きな原理がどのようなものであると自分は考えているか、その思いがその人の持つ哲学である。

「世の中が動いている大きな原理」をより現代企業風に翻案すれば、それはしばしば次の「三つの道理」のいずれか、あるいはその組み合わせであろう。

・人間という生き物の道理
・世間というものの道理
・自然と技術の道理

そして、人間の道理の一部として、「経営にかかわる道理」も経営哲学の大切な構成要素であろう。「組織とはどう動くものか」「現場の心理はどう動くものか」「人は権力や名誉を求めてどう行動するもの」などについての基本的考え方である。

経営哲学のこの「三つの道理」については、松下のいう「人生観」「社会観」「世界観」がそれぞれの道理におおよそ該当すると思われるが、第Ⅲ章でよりくわしい説明をしたい。ここでは、大まかなイメージだけを持ってもらえばよい。

その経営哲学には、二つの役割がある。

その一つは、すでにこの章で述べたように、経営理念の提案のベース、という役割である。自分の経営哲学をそのまま提案することだけではないだろうが、経営者が提案する経営理念のベースには個人の経営哲学がある、と考えるのが自然であろう。

経営哲学の第二の役割は、経営者自身で行わなければならない決断のよりどころ、という役割である。自分自身の行動の羅針盤としての経営哲学、という役割である。

この二つの重要な役割が経営哲学にあるからこそ、松下のいうように、

「経営者たる人は、そのようなみずからの人生観、社会観、世界観というものを常日ごろから涵養しておくことがきわめて大切だといえる」

ということになるのである。

前章であげた六人の経営者のなかでは、稲盛が自分の経営哲学あるいは人生哲学をもっとも雄弁に語ってきた経営者である。松下もまた、経営哲学の重要性を経営理念の大切さとともに強調し、さまざまな本でそれを語っている。

他方、ペイジやベゾスは自分の経営哲学を明確に表現することは少ないようで、むしろ

組織に伝えたい経営理念の表現に重きを置いていたと思われる。小倉もそれに近いようで、稲盛・松下の極とペイジ・ベゾスの極の中間であろうか。ただ、彼の経営哲学をうかがわせる発言は大量に残っている。

そして、行動の人と思われがちな本田が、案外と経営哲学がかなり明瞭であり、組織への経営理念の提案に熱心だったのも、面白い。序章で紹介した通りである。小倉よりも少し稲盛・松下寄り、といえようか。

経営の全体像のなかでの経営理念の位置づけ

以上が経営理念と経営哲学という二つの言葉の簡単な整理だが、そもそもなぜ経営理念の提示が、経営全体にとって重要なのか、大切なのか。それを次に考えよう。

そのためには、「経営すること」の全体像のなかでの経営理念の位置づけ、それを明確にすることが必要となる。

経営者のとる経営のための行動は、もちろん経営理念の提示だけではない。具体的な事業の枠組みとしての戦略を提示することもあれば、組織のなかの役割と権限の体系である組織構造をきちんと設計して、その権限を各人がきちんと使って仕事をしてくれることを期待する、ということもあるだろう。

経営とは、「他人を通して事をなすこと」である。自分とは違う人間である現場の人々、中間管理職の人々に、実際の仕事はやってもらう。その人々の仕事のやり方になんらかの形で影響を与えて、いい方向に導きたい。それが、「他人を通して事をなす」ということである。

そのために経営者あるいはリーダーがとれる行動はさまざまにある。その全体像として、仕事の「枠づくり」のマネジメントとして経営全体を捉える、という考え方をまず説明しよう（この全体像については、拙著『経営を見る眼』〔東洋経済新報社〕によりくわしい解説がある）。組織の人々が仕事をしていく際の、さまざまな「大枠」にあたるものをつくることが経営者の経営行動だ、と考えるのである。その全体像のなかで、経営理念を位置づけたい。

その大枠として多くの企業にとって意味があるのは次の五つの要因に関する枠であろう。

1．事業の枠（戦略）
2．仕事の仕組みの枠（経営システム）
3．仕事のプロセスの枠（場）
4．人の枠（人事）
5．思考の枠（経営理念）

「事業の枠」をつくるとは、組織の行う事業活動の内容の枠づくりのことである。典型的には、事業活動の領域やそのなかでの自社の立ち位置を決めることである。こうした事業の枠づくりは、その組織の事業活動の設計図としての「戦略」を決めるということである。より具体的にいえば、事業活動の領域を決め、そこでの活動の基本方針を描き、その方針にしたがって組織のさまざまな活動への資源配分を決めることである。

こうして事業の枠がつくられると、組織の人々は基本的にはその枠のなかでの事業活動に専念することが期待される。牛が放牧されている牧場の柵のようなものである。その枠のなかでの活動の内容の具体的な細部は現場の人々が決める自由度があっても構わないが、組織全体としてどんな事業活動を行うかの共通方針はみんなが共有することによって、組織としての活動がバラバラにならないようにするのである。つまり、協働作業になるように枠をつくっているのである。

第二の「仕事の仕組みの枠」と第三の「仕事のプロセスの枠」は、仕事の実際のやり方の基盤づくりのことである。

仕事の仕組みの枠をつくるとは、第一の事業の枠で決めた事業活動の内容がどのような仕組みで行われるかを決めることである。より具体的にいえば、組織のなかの誰がどんな役割と責任を持つかを決め、その役割をみんながきちんと果たそうとする意欲が湧くようにインセンティブを工夫し、そしてみんなの活動の成果の業績測定を行いそこからフィードバックして管理する、そうした仕組みである。

それを「経営システム」という。経営システムは、経営学の言葉でいえば、組織構造と管理システムからなる。

組織構造とは、組織のなかの役割分担の体系であり、権限と報告の関係の体系である。それは、誰が何をなすべきかを決める公式の構造のことである。管理システムとは、そのなすべき役割通りに組織が動いているかをコントロールするためのシステムである。そのために、役割への動機づけのためのインセンティブシステムがつくられ、業績をフォローするための管理会計を中心とする測定システムがつくられ、またその成果測定をベースにした事後的な評価の仕組みがつくられる。

経営システムは、経営者というトップから組織のメンバーへ向かっての「タテの影響」をきちんと与えることを目的とする仕事の仕組みの枠組みづくりといっていいだろう。組織の上層部から現場へと、情報と影響が流れるようにし、また現場から上へと情報が流れるようにする仕組みである。

しかし、組織に働く人々はたんに上からの指示や影響（あるいはそうしたものを伝える経営システム）にだけ依存して自分の動き、働き方を決めているのではなく、自分の仲間がどのように動くかにも影響される。人々は、上を見ているだけでなく、ヨコも見ている。だから、ヨコの相互作用もまた人々の動きを決める重要な要因である。

仕事の現場に立ち返って考えれば、仕事のプロセスの大きな部分は実際に仕事をする人々の間のヨコの相互作用に左右されているといっていいであろう。したがって、その現場の人々の動きをよりよく導こうとすれば、彼らの間の相互作用をいかに適切に生み出すかが、経営の大きな関心事になる。それが、相互作用の容れものとしての「場」を生み出すという問題である。

それは、「仕事のプロセスの枠」づくり、と呼べるであろう。仕事の実際がどのようなプロセスで行われるか、そのプロセスの枠をつくることによって、人々がヨコの相互作用をやりやすい状況をつくり、それによって仕事の遂行がスムーズになることを狙う経営の手段である（場のマネジメントについては、ここでは詳細に説明する余裕がないので、拙著『場の論理とマネジメント』〔東洋経済新報社〕を参照して欲しい）。

経営の枠づくりを、事業の枠（戦略）、仕事の基盤の枠（経営システム、場）、と説明してきたが、最後に大切なのは、人がらみの枠づくりという経営行動である。

ここでは、第一に、人の配置そのものを決めることによって、「特定のどの人物が」具体的に何の仕事をするのかという「人の枠」とでもいうべきものを決めるという経営行動と、第二に、多くの人々の「思考の枠」をなんらかの形で与えたいという経営理念を決める行動と、二つの「人がらみ」の経営行動がありそうだ。ともに、人間そのものに焦点を合わせた枠づくりである。

「人の枠」をつくるとは、「人事」を行うということである。それが経営にとって持っている重要性は、多言を必要としないであろう。いくら立派な戦略と経営システムをつくっても、それを動かす人材が配置されなければ、現実の成果は生まれない。現場の人を動かすための経営の重要なポイントは、その現場で直接采配する人を誰にするか、という人事なのである。

もう一つ、人がらみの「枠づくり」としてしばしば重要だと言われているのが、この本で取り上げている「経営理念」である。企業理念＋組織理念、という経営理念である。

それを組織のメンバーが共有することによって、現場で働く人々が同じ理念のもとで働くようになる。それは人々の「思考の枠」をなんらかの形で共有しようとする作業と呼んでもいいだろう。企業理念は企業活動の使命、目的、あるいは意義を提示して、自分たちの仕事に意味を与えるものだし、組織理念は組織運営のための判断の指針・基準を提示して、現場での協働が生まれやすいようにするものである。

だから、「思考の枠」づくり、つまり現場の人々のものの考え方に共通の枠をつくろうとするのが、経営理念の提示なのである。

以上、事業の枠づくり、仕事のプロセスの基盤の枠づくり、人がらみの枠づくり、と大別すればこの三つが経営行動の基本であり、さらに細かく分ければ、戦略、経営システム、場、人事、経営理念、という五つの枠づくりがあることになる。

なぜ経営理念が大切か

この五つの枠づくりのなかで、すべての経営にとって「必須」という重要性があると思われるのは、戦略、経営システム、人事、という枠づくりであろう。

いい経営をめざそうと思っていても、そこそこの経営でもいいと思っていても、とにかくこの三つの枠づくりがきちんと行われないと現場の経営はスムーズにはとてもいかない、という意味での「必須」である。

逆にいえば、この三つの枠づくりがうまくいかないと、現場は目茶苦茶になる危険性が高い、ということである。

その一方で、ヨコの相互作用を活発化するための「場」という枠づくりと、思考の枠組みの共有化をめざす「経営理念」という枠づくりは、いい経営をめざすためには重要、そしてきわめてすぐれた（すばらしい）経営をめざすためには必須になる、という性格のものであろう。

逆にいえば、この二つの枠づくりが意図的に行われていない、あるいはきちんと行われていない企業もかなりありそうで、それでも経営としてはそこそこには回っていく、ということである。

しかし、すぐれた企業の経営には、この二つの枠づくり、とくに経営理念という枠づくりが大きな役割を果たしている例が多いと思われる。この本で具体例として取り上げている、ホンダ、ヤマト、グーグル、京セラ、アマゾン、パナソニックの経営の歴史は、それぞれにすばらしいものであることに多くの人が賛同するであろうし、その経営において経営理念がかなり特異な位置を占めている企業と経営者たちであることもたしかであろう。

こうした経営理念という枠づくりの位置づけと大切さを象徴的に示しているのが、前章で紹介した松下の「命知元年」（経営理念の重要性を明確に意識した年）についての発言である。それをふたたび引用すれば、松下は次のように書いている。

「一言にしていえば、経営に魂が入ったといってもいいような状態になったわけである。そして、それからは、われながら驚くほど事業は急速に発展したのである」

つまり、それまでも松下電器産業（当時松下電気器具製作所）の経営はかなりうまくいってはいた。しかし、経営理念を明確に意識し、社員たちと共有できた後には、松下の経営はすばらしいものになっていった、ということである。

では、なぜ経営理念の共有がすばらしい経営のための推進力となるのか。

そこには、経営理念の提示と組織内での共有が、組織のメンバーにプラスのインパクトを与えるという理由と、経営者自身の行動へも経営理念の共有が前向きのインパクトを持つという理由と、二つの理由がある。

組織のメンバーに与えるインパクトとしては、経営理念の共有が次の三つのプラスをもたらしてくれることがありうる。

・個々のメンバーのモチベーションが上がる
・メンバーの間の協力や調整がしやすくなる
・メンバーの間の共感という心理的エネルギーを高める

第一のケースは、「人はパンのみにて生くるにあらず」で、人間が社会に役に立つというようなことに鋭く反応する存在だからこそ起きる、モチベーションの増強である。理念的インセンティブを経営理念が与えることができる、あるいは企業理念に共鳴することが働く意欲に大きなプラスになる、と表現してもいい。

ヤマトの小倉はこのプラスについて、次のような言葉を残している。

「(組織のメンバーにとって) いやな仕事でも、それが何かの役に立っていると思えれば楽しくなるものだ。そういう仕事の楽しさを社員に与えられない経営者は人を思うように動かすことができず、したがって自分の目的を達することができない。だからこそ、社長が掲げる原理原則の中には「理念」が欠かせないのである。……自分たちの仕事がどういう形で世の中の役に立つのか、その社会との接点をうまく説明できるかが大事だ。……人間は、お金だけで動く生き物ではないのである」(『「なんでだろう」から仕事は始まる!(新装版)』42ページ)

第二のケースは、経営理念が組織のメンバーの間に共有されていれば、人々の判断基準もかなり明確に共有されることになる。その結果、組織としての協働作業もスムーズにいきやすいだろうということである。

第三のケースは、同じ信条、同じ価値観を共有する人々の間に、共感・共鳴という集団的心理エネルギーの上昇がありうる、ということである。多くの人にとって、志を同じくする人と働く方が価値観がまったく異なる人々と折り合いをつけながら働くよりも、うれしいものであろう。

経営理念の共有には、こうした組織のメンバーへもたらすプラスの効果だけでなく、経営者自身の判断や行動にもたらすプラスがありうる。経営理念の共有は、その背後の自分の経営哲学をかなり明示的に示すことになり、その「明示的に示す」ことが自分の経営哲学に「責任と自信」を持つことを要請することになるからである。

つまり、他人に公言している以上、自分がそれに自信を持って当たり前、あるいは自信を持たなければならない、という「自己発奮効果」を経営者にもたらす。その結果、自分の行動の強度や頑健性が高まるという効果である。先に引用した松下の言葉が、その間の事情を語っている。

「そのように一つの経営理念というものを明確にもった結果、私自身、それ以前に比べて非常に信念的に強固なものができてきた。そして従業員に対しても、また得意先に対しても、言うべきことを言い、なすべきことをなすという力強い経営ができるようになった」

経営者の本気度こそ経営理念のインパクトの鍵

こうして経営理念の共有がもたらしてくれる「すばらしい経営の推進力」が現実のものとなるためには、経営理念の提案が組織のメンバーに本気で受け止められ、組織のなかにきちんと浸透していなければならないのは、当然である。しかしそれは、案外とむつかしい課題である。

経営理念の文言の「美しさ」だけでは、あるいは経営者が自己の責任で提案しているというだけでは、現場がきちんと受け止めるかどうか保証の限りではない。しばしば、「経営理念とは社長室の額のなかには書かれているが、現場では誰も覚えてもいないもの」になってしまう危険がある。

きびしい言い方をすれば、現場は「その提案をきちんと受け止めました」という態度を見せるがじつは軽視する、という自由度すら持っている。ことは、個人の思考の問題にまで入り込みかねないことだからである。だから、「理念の唱和を毎日させられて、会社を辞めたくなった」という例が出てくるのである。

経営理念の組織への浸透の条件については、第Ⅳ章であらためて論じるが、経営理念がインパクトを持てるようになるための最大の鍵が経営者の本気度であることは、明白であろう。本気であるからこそ、その理念をメンバーたちが真剣に受け止めようという気になる。そして、本気であることが経営者の背中にきちんと出ている（口から出るだけでなく）ときにこそ、その理念に沿った行動を自分たちもとろうと彼らが思うようになる。

経営者の本気度が肝心で、それは経営者の背中にすべて表れる。その背中をメンバーたちはじっと見ている。形の整った経営理念の文書があるだけでは、まったく不十分であろう。そんなことでは、現場の心に火はつかない。

本気の背中をきちんと見せるために経営者がとるべき行動として、二つの典型的行動がある。一つは、自分の経営哲学を持ち、それをベースにした経営理念をメンバーに「熱を込めて語る」こと。もう一つは、自分の経営哲学を守り、あるいは提案されている経営理念に殉じるような行動、それも意外な、あるいは激しい行動をとること。

つまり、言葉で語り、行動で語り、経営理念への本気度を背中で示すのである。

言葉で語ることに熱を込めることを、前章で紹介した六人の経営者はすべてやっている。その具体的な姿は、経営理念の組織への浸透を議論する際によりくわしく紹介するが、本田のたびたびの社内報での発言、小倉の社内報でのひんぱんな発言、ペイジの毎週金曜日のカジュアルミーティング（ＴＧＩＦ）、稲盛と松下の多くの本、ベゾスの「株主への手紙」、などがその例である。

ベゾスの毎年の「株主への手紙」には、「14の原理」がさまざまな形で登場している。そしてこの手紙は、株主だけでなく社員にも読まれることを想定している。あるいは、むしろ彼らを大きなターゲットとして書かれている。ベゾスの伝記に「この手紙は社内で聖書に等しい扱いを受けている」とあるのは、その証拠である（『ジェフ・ベゾス 果てなき野望』98ページ）。

「経営理念に殉じる経営行動、背後の経営哲学を守り抜くための経営行動」、それもかなり激しい行動、については、いくつかの実例を以下でくわしく紹介しよう。

まず、本田の例から。

本田の経営哲学の一部であり、ホンダの経営理念の一部でもあったのは、技術開発を最優先する、人まねでない技術で生きていく、ということであった。

それを明確に示すのが、創業時の（法人化する前の）社名である。それが、本田技術研究所。「技術を研究する」と宣言している。自転車補助エンジンという最初の製品を考える前に、この社名がつくられた。

また、四輪事業に参入するよりも少し前に、四輪自動車の技術の粋と言われるF1レースへの参戦を宣言してしまう。レースで技術を鍛えること、が最大の目的なのである。組織のメンバーは、技術開発最優先が経営理念だ、と自然に思ったことだろう。
ホンダの経営理念のもう一つの大切な部分は、「世界的視野で考える」ということである。それについても、「この時代にそこまで」と感じさせる激しい行動を本田は数多くとっている。

きわめて初期のその激しい行動の例が、自転車補助エンジンとしてヒットした最初の自社製品であるA型エンジンの生産に、ダイキャスト方式をとったことである。ふつうは、まだ生産量もどの程度大きくなるかもわからないエンジン生産には、砂型を使った鋳鉄の鋳込み方式をとる。その方が設備投資が少なくて済むからである。

しかし、鋳鉄の鋳込みではきちんとしたエンジンにはすぐならずに、鋳込まれたエンジン素材を削って形を整える作業が不可欠である。そうなると、削りくずが当然に出て、それが無駄になる。また、品質も生産性も上がりにくい。

そこで本田は、最初から金型（ダイ）を自分たちでつくり、そこへ鋳込む（キャスト）という方式にした。より工場生産方式に近いし、後での再成形作業も少なくて済むから削りくずも少ない。均質なエンジンにもなりやすい。この方式をとったのは、創業後わずか四年後のことである。

この方式は金型のコストなどで高くつくと疑問を呈した社員に向かって、本田はこう言った。

「日本の将来は工業立国しかないんだ。世界を相手の商売となったら、一番大事なのは量産性があること、部品が均質であることだ。だから、ウチはつらいのを承知で、最初っからダイキャストでやってみもせんで、何がわかる」(『本田宗一郎 やってる』63ページ)

これを聞いた社員は、びっくりしたという。たかが町工場が、世界のなかの日本の工業立国をいうのか、と。

同じように「世界を視野に」という経営理念が経営危機の最中に貫かれたのが、一九五四年(創業から八年後)に主力製品の不良品の返品が相次ぎ、倒産の危機に見舞われたときの、世界最高峰のオートバイレース、マン島レースへの参戦宣言である。

この年に入社した久米是志(のちに三代目社長になる)は、信じがたい思いだったという。しかし、世界への視野をあきらめない本田はこれほどまでに激しい行動をとった。そして宣言しただけでなく、実際にマン島レースの現場視察に本田は危機のなかで出かけていった。

危機の最中の欧州視察は、組織のメンバーたちに技術開発最優先と世界的視野という経営理念をいやというほど感じさせたことだろう。

小倉とペイジの背中に表れた本気度

小倉にも、同じようなエピソードがいくつもある。

小倉の経営哲学でかつヤマトの経営理念として多くの従業員があげるものの一つに、「サービスが先、利益は後」という言葉がある。当面の利益としては不採算でも、サービスを優先しておくといずれ利益がついてくる、という考え方である。

この理念が極限状況で試される事件が、一九八四年（宅急便創業から九年後）のクリスマスの時期に起きた。スキー宅急便というサービスを始めた翌年だったのだが、豪雪に見舞われ、トラックが立ち往生して、顧客のスキー板やリュックサックを配達できない状況になってしまった。

小倉の決断は、宅急便の料金の返金は当然で、そのうえに顧客が現地で借りたり購入したりしたスキー用品の代金、彼らの宿泊代金、交通費などすべてヤマトが負担する、ということだった。顧客に迷惑をかけたのだから全額弁償、ということである。もちろん約款上は免責であるにもかかわらず、サービスを先、としたのである。

この決断で、顧客の信頼が高まったのみならず、現地で顧客のクレーム対応で懸命になっていた社員たちの士気も上がったであろう。その負担費用は、約二億五〇〇〇万円。宅急便創業からわずか九年後のヤマトにとっては、決して小さな金額ではなかったが、経営理念を貫徹するための激しい行動をあえて小倉はとったのである。その背中を、社員たちはしっかりと見ていただろう（『ヤマト正伝』154ページ）。

もう一つの小倉の激しい行動は、運輸省（現国土交通省）を相手にしての「公開ケンカ」である。

最初のケンカは、一九八三年に宅急便の標準サイズを三つに増やした際に新しい運賃設定の許可申請を運輸省に出したときのことである。「宅急便独自の運賃設定は認められない」としばらく許可が出なかった。それに対して小倉は、新聞広告を利用して運輸省と闘った。「運賃申請をしたが許可が出ないから、すでに公表していた新運賃でのサービスが提供できず、申し訳ない」という広告を全国紙に出したのである。運輸事務次官が激怒したという。しかし、数カ月後に許可がおりた。

さらに激しいケンカは、宅急便の全国展開の段階で、全国各地への輸送網を確保するために、ヤマト運輸としてさまざまな路線免許を運輸省から出してもらうことが必要だったときのことである。

新しい路線免許にはその路線のある地域の既存の業者が反対する、というので運輸省がなかなか免許を出さない。そこで小倉は、運輸省という監督官庁を相手に、「不作為の違法確認」という行政訴訟に打って出た。一九八六年のことである。それまでに何年も続いていたヤマトの路線免許申請を棚ざらしにしていたことへの抗議の提訴であった。このときも運輸省は、数カ月で免許を出した。

新聞広告も訴訟も、世間と従業員の目を前にしての、大胆な行動である。「サービスが先」という理念を実行するために必要な行動を邪魔する相手は、たとえ運輸省といえども許さない、という姿勢を明確に見せる激しい行動である。その結果、世間を味方につけたし、従業員たちは闘う経営者の行動に大きな勇気を（そしておそらくいくらかの不安も）感じたことだろう。

社長がそこまでするか、と社員たちが奮い立つ。その思いが、序章で紹介した東日本大震災発生直後の、現場の「勝手な」救援行動につながり、その年に社長に就任した木川眞が巨額の寄付を被災地への支援のために行うという決断につながった。小倉の激しい行動が、経営理念を深く浸透させたことの成果である。

こうした思い切った行動を本田や小倉がとるためには、大きな決断が必要である。その決断を支えるもの、促すものとして、経営者自身が持っている経営哲学が必要であり、またその発信としての経営理念の浸透が大切なのである。

グーグルにも、そうした例がかなりある。

その一つが、序章で紹介したグーグルの広告エンジンの週末の短期間での「勝手な開発」である。その勝手な開発結果をすぐに採用するというペイジたちの行動、そしてその勝手開発のきっかけとなったペイジの「ムカつく」というカフェテリアの掲示、いずれもグーグルの企業理念と組織理念をペイジたち経営者がしっかりと背中で発信している、という例である。

ペイジの経営哲学の一つは、前章でも紹介したように、自律的に動きたがる優秀な人材を集めて、自由に仕事をさせれば、短期的なコストはいざ知らず、長期的にはすばらしいことが達成できる、というものである。

この哲学を、株式市場に上場した後、株主たちが受け入れるかどうか。たしかに短期的な利益を求める志向が強い多くの株主の影響が強くなると、ペイジたちの経営哲学、ひいてはグーグルの経営理念を守れなくなる危険もある。

その危険を回避するために、株式上場のプロセスでペイジとブリンは激しい行動をニューヨーク証券取引所に対してとった。自分たち創業者（当時は、ペイジ、ブリン、CEOのシュミットの三人）の持ち株の議決権を普通株の一〇倍にして、普通株と創業者株の二種類の株式を発行することを上場の条件としたのである。

これが認められれば、上場後も創業者が議決権の過半を維持できる。それで、自由な経営権を確保できるし、一般株主の圧力を避けることができる。類例のほとんどない要請であった。

証券取引所は当然に難色を示した。しかしペイジたちは、「それならば上場はしない」と強気だった。グーグルはこの当時すでにシリコンバレーの有名企業だった。そんなスタ
ー企業の上場は証券取引所としても実現したい、と彼らが折れて、議決権数の大きく異なる二種類の株式構造を持つ上場企業が誕生した。その後、フェイスブックなども類似の株式構造で上場している。

このペイジたちの激しい行動は、自分たちの経営哲学あるいはグーグルの経営理念を貫くためと解釈していいだろう。この上場に際してペイジが株主宛に書いた「創業者からの手紙」には、グーグルは「創造性と挑戦」を重んじる、通常の企業とは異なる経営をしてきた、これからもそれを続ける、短期的に利益を犠牲にしてもぜひ長期的視点を維持する、と強調しているのである。

そして、上場から七年後の二〇一一年の「創業者からの手紙」には、この株式の二重構造についての二〇〇四年の手紙の中心部分が再度掲載された。彼らの方針が間違っていな

かったことがその後のグーグルの成長で証明された、とペイジは強調したかったのである。

この株式の二重構造と創業者からの手紙でのその理由の説明（しかも二度にわたる説明）は、グーグルの社員たちに大きなインパクトを与えただろう。そこまで、哲学や理念を大切にする経営者か、というインパクトである。そしてこの「事件」は、ペイジたちが主導する「10の事実」という経営理念をますます組織内に浸透させる一つの大きな力となったであろう。


以上、ホンダ、ヤマト、グーグルという三つの企業の具体例を紹介したが、その共通のポイントはシンプルである。

本当に大切なのは、きれいに表現された経営理念の文書ではなく、経営理念にコミットする経営者の本気度である。その本気度ゆえに、経営理念を組織の人々がきちんと受け止め、彼らもまた本気になる。人が本気になるためには、哲学や理念という基本的なものの考え方がじつは大きな役割を果たすのである。

III

経営者自身の羅針盤としての経営哲学

経営理念が
現場の心に
火をつける

さまざまな決断が経営者の仕事

羅針盤の最大の機能は、行動の方向性を指し示すことである。そして、経営者にとってもっとも大切な行動は、決断すること、である。

以下に示すようにさまざまな事柄での決断が必要だが、そうした経営者としての決断を「方向づける、促す、支える」という機能が、経営者自身の羅針盤としての経営哲学の基本的役割である（そして、次章で論ずるように、組織の羅針盤としての経営理念のベースを提供するのも、経営者の経営哲学のもう一つの役割である）。

たとえば、前章で紹介した「経営の全体像」のなかでの「枠づくり」（戦略、経営システム、場、人事、経営理念）という経営者の仕事に即して考えれば、戦略の決断、経営システムの決断、人事の決断、が主なものであろう（経営理念をどう育むかについては、次章で扱う）。

戦略の決断が、事業の方向性を経営者自身が定めるための最大の決断であろう。たとえば、商業貨物の会社だったヤマト運輸が個人向け荷物の集配事業に乗り出すという宅急便事業の開始は、小倉にとって大きな戦略上の決断だった。「社会的に意義のある仕事をしたい」という小倉の哲学が、決断の一つの基盤だったであろう。

あるいは、宅急便開始後しばらくして、それまで大手の顧客であった三越の商品配送の仕事から撤退したのは、宅急便により資源投入をするためとはいえ、かなりの決断であった。当時の三越が社長の倫理的な問題を抱えていたことが、反倫理的なことを避けるべしという小倉の経営哲学と相いれなかったことも、この決断の理由の一つであろう。

また、アマゾンのベゾスは、インターネット書店からさらに幅広い商品を扱うインターネット小売業に事業範囲を拡げた後に、さまざまな商品の外部の小売業者がアマゾンに出品できるという「アマゾンマーケットプレイス」（つまりは、市場《いちば》業）への進出を決断し、さらにそうした出品業者への消費者からの代金支払いや商品の配送（とその在庫のアマゾンによる引き受け）もアマゾンのシステムで行えるようにした。フルフィルメントバイアマゾン（FBA、アマゾンによる商品お届け）というインフラサービスを始めることにしたのである。

これは、アマゾン・サイトへの出品業者のための倉庫業と配送業をアマゾンが始めたことに等しい。きわめて大きな配送と決済のシステム整備というインフラ投資が必要となる決断である。しかも、アマゾン自身の取り扱い商品の競争相手がアマゾンのサイトに掲載され、売上が自社からそちらに流れる危険も多いのである。それゆえに社内で大反対があったが、ベゾスが押し切ったという決断であった。顧客が他社の商品の方を選択して、それで顧客の満足が増すのならそれでいい、とベゾスは考えた。「顧客の満足への徹底的なこだわり」という経営哲学が、この決断の背後にある。

経営システムの決断の例としては、たとえばグーグルの経営システムが現場の自由裁量権限を大きくし、そのうえ、従業員は自分の勤務時間の二〇%を自分の好きなプロジェクトに使っていい、と決めたことがあげられる。現場の自由度をそこまで大きくするという決断である。その背後には、個人の自律性を徹底的に重んじるというペイジら創業者の経営哲学がある。

そして人事の決断の代表例は、経営の後継者の選択であろう。グーグルが二〇一五年にアルファベットというホールディングカンパニーをつくり、グーグルをその子会社としたとき、ペイジがアルファベットの会長・CEOとなったが(ブリンが社長)、グーグルという子会社のCEOにはスンダー・ピチャイという人物を抜擢した。インドからきてアメリカのIT産業で働き、グーグルにもかなりの期間勤務していた人物である。その決断は、もちろんピチャイの力量が最大の理由だろうが、創業者の経営哲学をかなり理解した人物の抜擢、ともいえそうだ。

あるいは珍しいタイプの人事の決断としては、稲盛が一度は破綻した日本航空の再生を政府から要請されたとき、会長職を無給で引き受けたという決断がある。誰かを任命する決断ではなく、自らがあえて日本航空の再生を担う経営者になる、という決断である。「日本経済のために、そして従業員の意識改革のために」という彼の経営哲学、人生哲学の後押しがなければ、まずありえないタイプの人事の決断である。

こうした経営の「枠づくり」の決断ばかりが、経営者がしなければ決断ではない。むしろ、枠づくりの際に想定したはずの事態とは現実がかなり異なる想定外の展開を見せたとき、それへの対処の決断も経営者がしばしば行わなければならない決断である。

大小さまざまな想定外が、つねに企業には発生する。それはしばしば、望ましくない想定外である。しかも、それへの対処に時間をかけてくわしく検討できる余裕がないことも多いだろう。だからこそ、経営哲学が「想定外対処」の決断の羅針盤として重要となる。

前章で紹介した、ヤマト運輸のスキー宅急便事件はまさにそうした例であろう。豪雪による交通マヒという想定外がもたらした緊急事態に、小倉は「スキー宅急便遅延でお客様が被った損害はすべて補償する」という対処を決めた。その決断の延長線上に、序章で紹介した東日本大震災発生（二〇一一年三月一一日）の直後のヤマトの現場の、「本社の許可も得ずに勝手に、被災地に届きはじめた救援物資を自分たちで配送する」という想定外対処の決断がある。小倉の背中が、現場の人々の頭に浮かんだだろう。

そして、そのさらに延長線上に、震災発生後一カ月も経っていない四月一日に社長に就任した木川眞の、「ヤマトが運ぶ荷物一つ当たり一〇円を震災復興のために寄付する」という決断があった。現場が「ヤマトは我なり」という経営理念に沿って自発的に大きく動いたことに、木川は社長として賛同していた。だから、現場をさらに励ましたかった。それゆえの、思い切った決断である（『ヤマト正伝』１３６ページ）。

別の想定外対処の例をあげれば、グーグルのサーバーが二〇〇九年一二月にハッカーによる攻撃を受け、その攻撃のレベルの高さと目的がふつうのハッキングとは大いに異なるという大事件があった。その対処として、最終的には中国市場からのグーグルの撤退という大きな決断にまでつながった（『How Google Works』２４６ページ）。

攻撃の震源地は中国で、ハッカーたちはグーグルの知的財産を盗むだけでなく、中国の反政府活動家のメールを読もうとしていたことを、ブリン自ら率いた対処チームはすぐに見つけ出した。しかも、それまでにすでに中国市場に参入していたグーグルの検索サービス事業が、たびたび中国政府の妨害や検閲に引っかかっていた。

つまり、グーグルのサービスを中国で続けることは、中国政府の言論弾圧という「悪事」に加担することになる危険が大きい。グーグルの「10の事実」の一つ、「悪事を働かなくてもお金は稼げる」という原理に反する行動を、中国ではグーグルは続けなければならない。

そこで、世界有数の巨大マーケットである中国市場から撤退することを、ブリンが提案した。当時のグーグルCEOのシュミットは「経済論理として」巨大市場中国からの撤退には反対だった。ペイジもまた、最初は中国市場残留という発想を支持していた。だが結局、ペイジは「悪事に加担はできない」と撤退案に賛成した。

そこで、この件が幹部会議にかけられ、長い時間をかけて議論が行われた。その結果が、中国からの撤退という結論になったのである。事業の大きな拡大の機会をあきらめるという、珍しいタイプの「巨大な撤退」の決断で、創業者の経営哲学とグーグルの経営理念が可能にした決断であった。その決断が第I章でも紹介したTGIFという会社のインフォーマルミーティングで発表されたとき、会場は万雷の拍手に包まれたそうだ。

決断＝発想＋検証＋跳躍

経営者の決断を方向づける、あるいは支える、という機能を経営哲学が果たすことがしばしばだ、とはいっても、すべての決断が経営哲学がなければできない、というつもりは私にはない。しかし、決断というものの基本構造をよりくわしく考えると、経営哲学が果たす役割がかなり大きいことを理解してもらえるだろう。

その基本構造とは、決断を構成する三段階のステップという構造で、この項のタイトルにした式が、まさにその構造を語っている。

まず、どんな行動をとるべきかについての「発想」が生まれなければ、行動のとりようがない。事業進出の例でいえば、どの分野への進出か、どのくらいの投資規模で行うか、などの発想である。

そして、その発想が行動案として適切かどうかの「検証」作業がそれに続くのが、常であろう。いわば、論理的な詰めである。その検証作業が雑であれば、結果としてとられる行動は適切なものではなくなる危険性も大きい。だから、検証作業という第二段階の作業を誰しも行うのであろう。

検証の結果を見て、人はなんらかの行動をとろうと選択の判断をするだろう。しかしそれは判断であって、まだ実行を開始すると決めるわけではない。実行を開始すると心を決め、実際に動き出すことを決断は要求している。決断とは、「実行する」ことを決心することなのである。

判断と実行（決断）の間には、深い溝がある。淵といってもいい。その淵は、判断という知的作業だけでは埋めきれない、現実の複雑さゆえに生まれる淵である。いくら考え抜いても、まだ不確実な世界が自分の前には残っている。だから、まだ迷う。その淵をはさんで、こちら側には知的判断の領域があり、あちら側には行動の領域がある。決断は、その行動の領域へと淵を思い切って「跳び越えること」によって、完成する。

そういう意味で、判断に跳躍が加わってはじめて、決断となる。判断と行動の間に横たわる「深い淵」を跳び越えることが、ここでいう跳躍である。

それを、

決断＝判断＋跳躍

と表現してみよう。

そしてその跳躍は、深い淵を飛び越えた後で行動の世界で起きるであろうさまざまなゴタゴタを、自分が処理することを覚悟することでもある。

ゴタゴタは、今は見えていない不確実な現象が将来さまざまに起きるから、発生してくる。そのゴタゴタを処理する覚悟を持てなければ、いつまでも判断の世界で将来の不確実性を小さくできる案を考えつづけることになる。しかし、いくら考えても、もうその先には考えられることはない、考えても仕方がない、という状態がくる。そこまで考え抜いたうえで、跳躍した後のゴタゴタの処理を覚悟して、最後は跳躍するのである。

こうした決断を構成する三つのステップのそれぞれを中心的に支えるものは、次のようになると私は考えている。

・直感で発想する
・論理で検証する
・哲学で跳躍する

発想の原点は、直感にある。論理が果たせる役割はあるが、それは中核とは思えない。そして、検証のステップでは、論理が中心的役割を果たす。もちろん、データも調べるだろう。そうしたデータをつなぎ合わせる論理的な検証が、適切な判断には欠かせない。そして、最後の跳躍には、哲学が必要となる（直感、論理、哲学の関係については、拙著『直感で発想 論理で検証 哲学で跳躍』〔東洋経済新報社〕にくわしい解説がある）。

なぜ哲学が跳躍に必要か。「思い切る」「踏み切る」という跳躍らしい行為を人が行うためには、論理的な「正しさ」の感覚に加えて、哲学のような大きな思いに支えられなければ跳べない、と思うからである。とくに、大きな決断であればあるほど、哲学の支えを経営者は必要とするだろう。

経営者が行う大きな決断は、さまざまな事情をすべて呑み込み、総合判断をしたうえでの、決断である。むつかしい総合判断が常である。その判断の結果を実行に移すということは、ある意味で畏れ多いことである。その跳躍を正しく行う、あるいは心のよりどころを持って行うためには、哲学の支えが必要となると思われる。

小倉自身がこう語っている。

「考え抜いた末の決断（宅急便への進出）であったが、不安がないわけではなかった。理屈では必ず儲かる事業になると信じていたものの、儲けが出るまでに苦難が続くであろうことは間違いなかった」（『小倉昌男　経営学』118ページ）

この苦難を受け止めようと覚悟するために、哲学が必要なのである。

しかし、決断の出発点は発想である。その発想の豊かさがない、あるいはそもそもセンスのある発想が生まれないから苦労している人も多い。発想のプロセスを適切に行うための議論は、大いに必要だ。そこにも経営哲学の果たす役割がある、というのが私の見立てだ。自分の経営哲学に沿った方向で、直感を働かせようと自然にするのが、多くの人の常だと思うからである。

言い換えれば、発想の原動力として作用する直感を「方向づける」働きを、経営哲学がする。自分の経営哲学に合っていると直感的に思える方向で、発想のヒントを探そうとすることがしばしばであろう。

したがって、決断に至る三段階のそれぞれで、おもな原動力は、発想は直感、検証は論理、跳躍は哲学、であるが、経営哲学は発想段階の直感の方向性にも大きな影響を及ぼすことが多い、と考えるべきであろう。

たとえば、「悪事を働かなくてもお金は稼げる」という経営哲学を持っているグーグルの創業者たちにとって、政府による検索検閲という邪悪を許すことを強制されそうな中国市場は「相手にしたくない」。そのためなかば自然に「中国からの撤退」という発想が生まれたようだ。とくに、共産主義体制で自由を束縛されていたソ連からの移民の子供としてアメリカで育ったブリンは、その思いが強かっただろう。

この事例のように、経営哲学に方向づけられた直感からの発想でスタートすれば、じつは発想の論理的検証が終った後では、もはや跳躍の悩み(不確実性とそこから生まれるゴタゴタを引き受ける悩み)は小さくなっている可能性がかなりある。したがって、経営哲学の役割として、発想への影響が強ければ、それだけ跳躍への支えの必要性自体が小さいことも十分ありそうだ。

こうして、経営哲学という「経営者のための羅針盤」が果たす役割としては、跳躍のための羅針盤だけでなく、発想のための羅針盤というもう一つの役割があるのである。

跳躍の覚悟のベースを経営哲学が与える

跳躍のためのベースを経営哲学が与えてくれる、とはどういうことか。なぜ哲学のベースが跳躍には必要なのか。それを考える際に、跳躍という言葉の組み合わせ自体が意味を持ちそうだ。

漢字の大家・白川静博士の『字通』（平凡社）によれば、「跳」という字の意味は「はねあがる」ことであり、「躍」という字の意味は「おどる」こと、「進む」こと、である。つまり、跳躍とは、まず跳ぶこと、そしてその後に躍り進みつづけること、その二つの行為が意味されている。

経営の世界での決断の第三ステップである跳躍も、まさしくこの二つがつながっていなければ意義は薄い。第一に、まず踏み切って前へ向かって跳ぶこと。そして第二に、跳んだ方向で目的を達成すべく懸命に（躍るが如く）走りつづけること。つまり、「踏み切る」ことと、ゆるがぬ実行をして「走りつづける」こと、この二つが揃わなければ成功につながる真の跳躍とはなりそうにない。

まず、踏み切って跳ぶことは、いわば不可逆の（つまり後戻りのできない）ジャンプである。取り消しのきかない行為である。たとえば、宅急便事業を始めてしまうと、簡単にやめることなどできない。だからそもそも事業を首都圏限定でも開始すると踏み切る覚悟がいるのだが、その後に走りつづける覚悟、宅急便を全国規模にまで持っていくまで歯を食いしばって努力をしつづけるという覚悟も同時に必要である。

そうした走りつづける覚悟をそもそも持てなければ、とても踏み切る覚悟も生まれないだろう。踏み切った後には、事前には想定がむつかしいゴタゴタが起きるのがふつうで、それらの処理も含めてきちんと実行の世界で走りつづけなければ、成果を生み出すゴールには到達できない。

つまり、最初の不可逆なジャンプとその後の走りつづけるプロセス、この二つが跳躍全体を構成している。そのいずれの行動にも成果がそこから生まれてくるかどうかの不確実性があることを承知のうえで、跳躍せざるを得ない。不可逆なジャンプにあたっては、その方向と大きさがそもそも適切なのかという不確実性。そしてその後の走りつづけるプロセスでは、きちんとした組織的努力を踏み切った方向で継続できるかという不確実性。

その二つの不確実性を承知のうえであえて跳躍するには、二つの覚悟がいるだろう。

1．不可逆なジャンプへ踏み切ることによる、大きな資源投入のリスクの覚悟

2. 踏み切り後の実行プロセスを完走するまでの、長い努力の覚悟

第一の覚悟をきちんと持つためには、最初のジャンプを行う「踏み切るための哲学」が必要だろう。そして第二の覚悟をきちんと持つためには、踏み切り後の長い実行プロセスでの「走りつづけるための哲学」が必要であろう。

しかも、その走りつづけるプロセスは、経営者が一人でやればいいことではない。組織全体が走りつづけなければならない。それは、「組織的努力」の持続のプロセスである。この「組織として走りつづける」ことを支えられる（そのように組織を説得できる）ような経営哲学を経営者自身が持てないために、長い実行プロセスでの継続的努力の覚悟ができない、ということもありそうだ。そうなれば、踏み切りそのものができないだろう。

こうした二つの哲学が必要とされる跳躍のいい例が、前々項で紹介した「フルフィルメントバイアマゾン」という倉庫業プラス配送業へのアマゾンの進出の決断である。

この跳躍がかなり不可逆なもの、つまり簡単に「うまくいきそうにありませんからやめます」といえないような跳躍であることは、全米（のちには世界各国で）規模で配送を可能にする輸送インフラの巨大さを考えれば、すぐに理解できるであろう。

輸送専門業者に委託する部分がもちろんあるにしても、全体のシステムはアマゾンが管

理しなければならず、倉庫網一つをとっても巨大な投資となる。さらに、倉庫のなかの荷物のピッキングシステム一つを考えても、その自動化も含め巨大な投資となる。顧客はじつに多様な商品を注文してくるのである。

しかも、初期投資という資源投入のリスクがあるだけでなく、その後も配送インフラがきちんと完成してかつ機能しつづけなければ、顧客のところに多様な商品を短時間できちんと届けるという目的は持続的には達成できない。そうした定常状態に至るまでの長いプロセス、そしてその定常状態を維持しつづけるプロセス、そうした長い道のりを「走りつづける」覚悟が必要なのである。

こうした跳躍の背後のベゾスの経営哲学を一つだけ特筆するとすれば、「顧客の満足への徹底的なこだわり」であろう。顧客が本当に満足すれば、繰り返しの注文が将来にわたってアマゾンにくる。それがあれば、たとえば外部の出品業者へかなりの注文が流れても、アマゾン自身の売上も成長するし、また倉庫・配送業としても出品業者からの利益が獲得できるであろう。

ただし、アマゾン自身の売上の成長の大きさも、出品業者からのフルフィルメント事業からの利益の大きさ（あるいはそもそもプラスの利益が出るかどうか）も、決断の段階では不確実である。それでも、跳躍する。自らの哲学があるからこその跳躍である。

ホンダの四輪事業への進出、ヤマトの宅急便事業への進出、そしてクール宅急便というかなり冷蔵装置などの投資が必要な事業への拡張、などなど多くの戦略的に大きな決断が、このアマゾンの例と同じような不確実性と、それを乗り越えての跳躍、という共通の特徴を持っている。そして、その跳躍を可能にした背後に、経営者の経営哲学の存在があったことも、共通している。

経営システムでの決断でも、人事の決断でも、それが成果を大きく生むかどうかは、事前には正確にはわからないのがふつうである。そこで、懸命に行動案のきちんとした論理的検証を行ったうえで（たとえば、この人物を次の社長にして大丈夫かという検証）、それでも残る不確実性は呑み込んで、跳躍するのである。その跳躍を支えるのが、経営哲学だという点でも、戦略的決断と事情は同じである。

発想の探索の方向を経営哲学が導く

すでに説明したように、発想は基本的に直感的なプロセスである。直感のひらめきによって、どんな行動案がいいかの最初の発想が生まれるのが、ふつうである。

その直感的プロセスで、直感による発想の探索の方向に影響を与える一つの大きな要因に、経営哲学がなりうる。その意味で、直感による発想探索の方向を経営哲学が導く、ということになる。

それをよりくわしく説明するために、直感が発想のひらめきを生むプロセスそのものの基本構造を考えてみよう（この基本構造のよりくわしい説明が、拙著『直感で発想 論理で検証 哲学で跳躍』にある）。

そのプロセスには、直感の基盤と直感が働くための直接的刺激、その二つが少なくとも必要である。なんらかの刺激が人間の脳に入る（外から入る）から、その刺激を受けて直感が動き出す。しかし、その直感がきちんと動くためには、刺激を受ける人のなかに、受け止めてそこから直感を動かす基盤のようなものが必要である。

その基盤とは、直感が動き出す方向を決める「問題意識」とその動き出し方を豊かにする「観察の蓄積」、その二つが重要であろう。

そうした基盤があるところに、なんらかの形で直接的に直感を刺激するインプットが外から入る。何かの現実を目にするという刺激、なんらかのニュースを耳にするという刺激、などである。その刺激を受けて、直感が動き出す。その動き出しの結果として、発想がひらめく。

こうした直感の働きによって発想が生まれてくるプロセスを、一九五四年の経営危機の際に本田が世界最高峰のマン島レースに挑戦することを決断した（第Ⅱ章で少し紹介した）

という具体例に沿って、そもそもマン島レースに挑戦するという発想自体がどう生まれたかを考えてみよう。

本田がマン島レース挑戦の発想を持ちはじめたのは、挑戦宣言を発表した五四年をさかのぼること五年前の四九年のことであったようだ。この年、まだ本田はオートバイの世界でよちよち歩きを始めたばかりであったが、本田と同じ浜松を郷里とする古橋廣之進という競泳選手が、全米選手権の一五〇〇メートル自由形決勝でぶっちぎりの優勝を飾る、という大きなできごとがあり、日本中がそのニュースに沸き立った。

そのニュースという直接的な刺激が、本田にマン島レースへの挑戦という発想を持たせる一つの大きなきっかけとなった。同じニュースで大きく感動した人が、日本中に多くいただろうが、マン島レースへの参加にまでつながる「世界への挑戦」という発想を持った人は滅多にいなかっただろう。その滅多にいない一人が本田だった。

そのニュースから一〇年後、ホンダは五九年からマン島レースに実際に参加し、六一年には二五〇ccクラスと一二五ccクラスの両方で、1位から5位までを独占する、つまり完全優勝する、という快挙をなしとげている。

このレースの映画がつくられ、その試写会の挨拶で本田は「なぜ世界一に挑戦したか」について語っている。「レースで技術を鍛える」という彼の経営哲学が彼にこの発想を抱かせた、ということに加えて、こう言った。

「皆さんご承知のように、敗戦当時、我々は虚脱状態になっておりまして、自らの口で、我々は四等国だ、五等国だと、自ら蔑んでおったその最中に、古橋広之進がロスアンジェルスで、水泳で優勝した。この一言だけで我々にどれだけの心の糧を与えたかということを、我々はいつも心に刻んでおるのでございます。……我々は幸いなるかな、技術と頭脳によって商売している。体力でなくて技術と頭脳によって、この勝負ができて優勝したなら、どれだけ日本の若い人たちに夢を与えるか、ということを考えただけでも、私はじっとしておられない衝動にかられたのでございます」(「世界のランキングを求めて」マン島TTレース試写会会場挨拶『本田宗一郎 やってみもせんで、何がわかる』68ページ)

古橋の優勝という直接的な刺激が本田の直感を動かしはじめ、そして直感が探索する発想の方向性は「世界一」だったのである。その方向性へと本田の直感を導いたのは、「レースで技術を鍛える」という経営哲学、「多くの人に夢を与えられる仕事をしたい」という経営哲学だったのである。

つまり、先に説明した「直感の基盤」という観点でいえば、経営哲学が「問題意識」の中心部分を具体的に形づくった（人々に夢を）。そして、もう一つの基盤である「観察の蓄積」としては、本田自身が国内のレースに戦前からさまざまな形で参加しており、「レースの場が高速学習の場になる」という観察の蓄積があった。

そうした「問題意識」と「観察の蓄積」があるという基盤に、古橋の優勝、しかも同郷人という直接的な刺激が飛び込んだ。それが、本田の直感をマン島レース参戦という発想へと、当時はまだよちよち歩きのオートバイメーカーであるにもかかわらず、導いていった。同じような経営哲学と類似の過去の経験や観察のない人には、こうした発想は生まれないだろう。

それが、本田が古橋の優勝にとくに敏感に反応した理由の一つであろう。「世界的視野で技術を考える」という経営哲学があるからこそ、古橋という「水泳の技術での世界一達成」というニュースがとくにピンとくるのである。さらに、経営哲学に関係が深いことには観察の目が行きやすいことから、その方向での観察の蓄積が、自然に大きくなるであろう。それは、直感の発動の基盤を大きくしているということである。

この事例に示されているように、経営哲学を深く持つということは、直感による発想の探索の方向性を三つの意味で導くことになる。第一に、「問題意識」という直感の基盤を自分の経営哲学の方向に導く。第二に、経営哲学に深く関係しそうなできごとが直感の作動のきっかけになる、つまり経営哲学に関係しそうなことに直感が動き出しやすい、という意味で、発想の探索の方向性を導いている。第三には、直感の発動のもう一つの基盤である「観察の蓄積」が、経営哲学に関係の深い分野で大きくなる。だからその分野の発想の探索がより容易になるという意味で、発想の探索の方向性を経営哲学が導いている。

古橋の優勝という直接的刺激が、実際のマン島レース挑戦の実現につながるまでに、一〇年の月日が経っている。それだけの年月の間、直感的ひらめきで生まれた発想が長く心の中心にありつづけるということ自体にも、自分の哲学に合致した発想だという深い思いが大きな貢献をしているのであろう。

もちろん、その発想から最終的に跳躍の対象を選び、実際に参戦を決断するかは、また別問題ではある。この最終的な跳躍でも、「跳躍の覚悟のベースを経営哲学が与える」という経営哲学の働きがあるが、発想のきっかけが同じ経営哲学を原点にしたものであるから、跳躍での悩みはかなり小さいものではあろう。

「発想の探索の方向を経営哲学が導く」というこの項のタイトルをより平たい言葉で表現すれば、経営者がどんなことに目を光らせるか、それを経営哲学が導く部分がある、ということになろう。その目を光らせることが破天荒で、凡人には「なぜ、そんなことを真剣に考えようとするのか」と不思議に思えることも、偉大な経営者にはしばしばある。経営哲学が深いことが、破天荒なことを思いつく経営者の共通点のようだ。

それは、本田だけでなく、小倉のスキー宅急便事件の全額補償、ペイジの中国からの撤退、ベゾスのアマゾンマーケットプレイスとフルフィルメントバイアマゾンへの進出、などのこの章で取り上げた事例にも共通することだろう。

凡庸な発想しか浮かばない人は、凡庸な哲学の人であることが多そうである。そして残念ながら、凡庸な哲学は直感の基盤を大きくしない。凡庸な哲学はせっかくの直接的刺激が入っても、そこから直感を起動させない。だから、凡庸な発想しか思いつかない、ということであろうか。

人間という生き物の道理

経営者たちが、自分の経営哲学をまとまった書き物として残すことはあまりない。稲盛や松下はその例外なのだが、自分なりの経営哲学を持っておられると感じられるすぐれた経営者はかなりいる。この本で紹介してきた六人はそういう人たちである（もっとも、彼らもいわゆる哲学者の書くような思弁的な話は、滅多にはしないようだ）。

まとまった文書にはなっていなくとも、日頃の言動、社内でのスピーチや社内報原稿、外部での講演、決断の社内外への説明、経営者が主導的役割を果たしてつくりあげる組織としての経営理念の文言など、さまざまな場所や機会で経営者は自分の経営哲学を多様な形で発信している。発信の形だけでなく、経営哲学の内容そのものも経営者の個性を反映して、当然に多様である。

しかし、多様性のなかにもいくつかの共通部分があると思われる。それを「経営哲学の共通の中核」として、自分なりの経営哲学を考えたいと思っている読者の参考のために、紹介しよう。

第II章で私は、経営哲学とは「世の中が動いている大きな原理」についての経営者としての思いである、と述べた。その原理は、以下のように三つの部分に分けて考えると理解しやすいと思われる。この三つの原理についての基本的考え方が、「多くの経営者に共通する経営哲学の中核」である。

・人間という生き物の道理
・世間というものの道理
・自然と技術の道理

人間という生き物の道理とは、人間をどう理解するかという哲学である。つまり、人間についての経営哲学である。その人間哲学は多様でありえていいが、それが人間の本質をついた深いものであることが、いい経営哲学の共通の中核であろう。

たとえば、二〇一〇年二月一日に日本航空の再建のために取締役会長を引き受けた稲盛の例をとって、どんな具体的な人間哲学を稲盛は持っていたと思われるかを説明してみよう。

稲盛はその後の三年で戦後最大の倒産劇から日本航空を蘇らせるという奇跡を起こした。彼がもっとも集中したのは、社員たちのものの考え方を「きちんとした仕事をするべき、したい」という方向へ持っていく、という意識革命だった。その彼の努力の背後の経営哲学が垣間見えるエピソードが、数多くある。その一つを以下では紹介する。

稲盛は、日本航空のような硬直的な組織では、「組織の慣行になっているから、この行動で大丈夫」という意識になりがちな生き物が人間である、という「人間という生き物の道理」の理解を持っていた。

その人間哲学から出発すると、そうした「惰性」からの脱却を組織人は意識して努める必要がある、という経営哲学になる。その意識を社員の大半がきちんと共有してはじめて、組織の再建のための努力が組織のあちこちで生まれてくる。その小さな努力の巨大な集積が、組織の再建には欠かせない、ということになる。

たとえば、こんな事件があった。

稲盛が会長に就任してまだ間もない頃、会社の会議でもまだ稲盛があまりきつい発言をしなかった時期に、かなり定例的な案件で一〇億円の支出の許可を求める発言がある執行役員からあった。なぜその支出が必要かというきちんとした説明が不十分なまま、「予算としてすでに認められています」という説明での許可要請だった。

稲盛は怒った。

「一〇億円、誰の金だと思っている。この苦境のなかで社員が地べたを這って出てきた利益だろう。あなたにそれを使う資格はない。帰りなさい」

会場は凍りついたという。そして、この会議以降、稲盛はことあるごとに経営陣の考え方を否定したという。なお、この一〇億円案件は、次の会議できちんとした説明があったうえで、問題なく許可された（『稲盛和夫 最後の闘い』日本経済新聞出版、28ページ）。

この稲盛の言動は、惰性からの脱却が組織人の努め、という稲盛の経営哲学から生まれたものだ、と私は解釈する。その惰性への不感症が、組織のあちこちにある。それを正さなければ、組織の再生などとても無理、と稲盛は思ったのであろう。だから、「ことあるごとに」経営陣の考え方を否定する時期がしばらく続いたのである。

次に、本田の人間という生き物についての道理を、例をあげて説明しよう。彼は人間という生き物について、技術開発の現場では自分も社員たちも徹底的に追い込まれるような状況があってはじめて、技術が鍛えられる、という考えを持っていた。だから、レースを技術の高速学習の場として活用する、という経営方針が生まれる。

この考え方を、人間という生き物についての理解とも思える面白い言葉で、本田は表現している。

「創意工夫は苦し紛れの知恵である」
「成功は99％の失敗に支えられた1％である」

まさに、さまざまなことに挑戦する本田らしい経営哲学である。

あるいはベゾスは、「小さく現実的に考え、リスクをとりたがらないのがふつうの人間」という人間哲学を持っていた。だからこそ、経営理念としてはあえて、「大きく考える」ということを14の原理の一つとして掲げた。

世間というものの道理、自然と技術の道理

さて、経営哲学の第二の共通の中核は、「世間というものの道理」についての基本的考え方である。それは、社会として人間が集まるとどんな動きになるか、経済社会の行く末はどうなりやすいか、という原理についての基本的考え方である。

この考え方が多くの経営者の経営哲学の共通の中核の一つとなる理由は、「世間というものの道理」に照らし合わせて自分たちの仕事の意義や大義、あるいは社会での受け入れられ方を考えることが、経営として大切だからである。そうした大義があることが、経営者を奮い立たせ、組織の人々をも奮い立たせるのである。

第I章で紹介したヤマト運輸の経営理念を制定する際に、小倉は「社会的インフラとしての宅急便ネットワーク」という言葉を入れることに「覚悟の必要」を感じたという。もし社会的インフラとして大義のあるものならば、それだけの覚悟を持って宅急便というシステムの整備に力を注がなければならない、と小倉は考えたのである。そして、自分の経営哲学として、「世間というものの道理」が宅急便を必要としている、と考えることができてはじめて、覚悟のある経営ができるようになったのである。

あるいはペイジの場合、「世界の情報を瞬時に誰にでも届ける」というグーグルのミッ

ションの社会的意義を深く認識していた。そうしたニーズを世界は持っている、というのが彼の「世間というものの道理」の理解であった。だからこそ、Google Earth、世界中の図書館の本のデジタル化などのユニークで、ビジネスへの結びつきが一見むつかしそうな大きなプロジェクトの開始の決断ができるのである。そして、こうしたプロジェクトの成功が、グーグルの影響力をさらに大きくしていく。

さらにいえば、古橋廣之進の一五〇〇メートル自由形でのぶっちぎりの勝利に刺激されて本田が世界一をめざすという発想を持ち、マン島レースへの挑戦を考えたのは、その挑戦によって自分たちの技術が世界水準になるという意義と、そこでの勝利が戦後の日本を元気にするという社会的意義を、ともに持っていると思えたからであろう。

世間の動きをリードする、社会のためになる、という大義があることが、しばしば経営哲学の重要な中核なのである。松下の「産業報国の精神」も、その重要性の根拠は、小倉やペイジの場合と本質的には同じであろう。

多くの経営者の経営哲学に共通する中核の第三のものは、「自然と技術の道理」についての基本的考え方である。つまり、自然の原理や技術の道理に対して、経営としてどう立ち向かうか、という哲学である。

ただし、この経営哲学は、技術面にとくに関心が深い、あるいは造詣が深い経営者の多くに共通するもので、第一と第二の「共通の中核」とやや異なり、かならずしもすべての分野の経営者に共通するものではないかも知れない。しかし、この中核の意義は大きいと私は思うので、あえて第三の中核としてあげておきたい。

この中核の経営哲学としての意義は、「自分たちの技術の極限を追求することが、技術のフロンティアを開拓することになる」という経営の発想につながることである。したがって、そうした経営哲学によってそれだけ自然と技術についての人間の理解が深まり、結局は人間社会の役に立つような技術が生み出される、それが企業のフロンティアをも切り開く、ということになりうる。その思いが、経営者の決断を支え、組織の人々の努力の一つの源泉になる。

そのいい例が、ペイジである。彼は、インターネットを使う技術のポテンシャルは巨大で、その技術の極限を自分たちが追求することで、「世界の情報を瞬時に誰にでも届ける」という自分たちの企業理念が実現できる、しかも企業としてのフロンティアを開拓できる、と考えた。そして、技術の極限を追求するためには、創造的なエンジニアに自由を与え、彼らの自律的な思考を重んじることが大切だと考えた。

そしてペイジは、そういう考え方が技術のフロンティアを開拓することに貢献することを、次のような言葉（すでに第I章で紹介）で表現している。

「適切な人材と壮大な夢がそろえば、たいていの夢は現実になる。たとえ失敗しても、重要な学びがあるはずだ」

こうした技術の極限を追求する際に、それが結果としてどんな技術のフロンティアの開拓につながるかは、かならずしも具体的な姿が最初から見通せていなくてもいい。そのいい例が、本田のレースという極限の場での技術開拓推進という姿勢が、「結果として」アメリカの大気汚染防止規制を世界ではじめてクリアしたCVCCエンジンをホンダが生み出すことにつながった、という事例である。

このエンジンの特徴は、触媒を使って汚染物質を除去する現在のふつうの方式と違い、エンジンそのものだけでなく排気管も燃焼装置の一部として使って、汚染物質をも燃やしてしまう、という発想にあった。その発想のエンジンを完成できたのは、レースという極限の場でエンジン内での燃焼効率を上げるというフロンティアに挑戦する、というそれまでのホンダの技術開発の姿勢（つまり哲学）にあった。

それを、このエンジン開発チームの主要メンバーで、のちにホンダの社長となる川本信彦は、次のように証言している。

「混合気をいかによく燃やすかとか、燃費をかせぐためにいかにして薄い混合気を燃やすかとか、そういう基本的なことを、市販車のエンジンからは考えられないようなレベルでいやというほど勉強させられた。その技術は……クリーンエア・エンジンの技術と結果的には共通してるんですね」(『本田宗一郎 やってみもせんで、何がわかる』232ページ)

つまり、本田の「自然と技術の道理」についての経営哲学が、結果としてCVCCエンジンにつながっているのである。もちろん、このエンジンの成功は、ホンダのアメリカでの市場開拓という企業のフロンティアの開拓に大きく貢献した。

経営哲学を育む

この章で紹介しているような名経営者たちの経営哲学は、彼らが生まれつき持っていたものでは、もちろんない。彼ら自身が長い時間をかけて「育んで」きたものである。

そうした哲学は、外からは見えないが、内に秘められてその人を強くしているものである。それは、大きな樹を地下から支えている根をイメージさせる。その根が大きくなっていくプロセスが、哲学を深くするものであろう。だから、育む、という言葉が似合う。根には、「養生する」という言葉が植木の世界では使われることもあるが、人の持つ哲学の場合は、育むという言葉がよりフィットする。

もちろん、哲学を育むプロセスの基盤として、経営者たちの人生のさまざまな経験、とくに家庭環境や教育環境が影響を及ぼしていることはたしかであろう。

ペイジは、コンピュータサイエンスの大学教授の家に生まれ育ち、自由で自律的な教育を奨励するスタンフォード大学で学んだ。本田は、天竜川の近くの村の鍛冶屋の家に生まれ、一五歳で東京の自動車修理工場へ丁稚奉公に出て、若い頃から社会の荒波に揉まれた。小倉は、ヤマト運輸の創業者の息子として生まれ、東京大学を卒業後にヤマト運輸で二代目として実地教育を受けた。

それぞれに多様な環境で育ち、それが彼らのものの考え方に多様な影響を与えているだろう。しかし、彼らの経営哲学は、経営に関係することがらで本質的なことを考えさせられる「きっかけ」から生まれてきた、という「育み方」の共通性もあるようだ。

その共通のきっかけとしては、次の二つが大きなものであろう。

・仕事のうえで、自分の決断に悩むとき

・刺激的な現象に触れたとき

こうしたきっかけを、自ら積極的に求める姿勢が、経営哲学を育むプロセスの出発点として、大切であろう。決断に悩むというきっかけを自ら求めるということは、「決断から逃げない」という姿勢を意味する。また、刺激的な現象にきっかけを求めるということは、他の人も同じように遭遇する可能性のある刺激的な現象から、その背後のなぜを考えるという姿勢を意味する。そうした姿勢が、きっかけを活かすために重要なのである。

では、この二つのきっかけから、どんな経営哲学が育まれてきたか、いくつかの例を紹介しよう。まず、「自分の決断に悩むとき」から。

すでに紹介した、稲盛が「若手の反乱にあって、対応の決断を迫られた」という例が、一つの典型である。

稲盛はこの決断に悩むプロセスから、経営者は従業員の人生を守る責任がある、という思いに至った。その思いから、京セラの経営理念として掲げることにした、全従業員の物心両面での幸福の追求が企業の目的だ、という彼の経営哲学が生まれたのである。稲盛は、日本航空の再建に乗り込んだときも、この哲学を堂々と表明している。

ペイジの例も、経営者としての悩みをきっかけとする経営哲学の育みといえる。彼の言葉を引用しよう。

「経営者をしていて意外だったのは、プロジェクトチームにとんでもない野心を抱かせるのはとても難しいということだ。どうやらたいていの人間は型破りな発想をするような教育を受けていないらしい。現実世界の現象から出発し、何ができるか見定めようともしないで、最初から無理と決めてかかる。グーグルが自律的思考の持ち主を採用し、壮大な目標を設定するためにあらゆる手を尽くすのはこのためだ」(『How Google Works』6ページ)

ペイジは経営者として、野心を持ち自律的に動きたい気持ちが強い人ばかりではない、という経験をする。「それが多くの人間の本性だ」という人間の道理に思い至ったといっていい。しかし、自分としては自律的な思考こそが大切だと思っている。そこで、組織のなかでメンバーたちの自律的な思考を強く促すためには何が必要か、と悩むことになる。

彼がその悩みから到達した経営哲学はおそらく、「非常識と思われるくらいの対策が、自律的になりたがらない人間の本性への対策として必要」ということであったろう。その哲学の現実での応用動作の例が、「自律的思考の持ち主を採用し、壮大な目標を設定する」、あるいはさらに、「すべての従業員が自分の時間の二〇％を自由なことに使っていいという宣言をする」という経営の具体策なのである。

刺激的な現象という「道理を深く考える」きっかけへと、議論を進めよう。

そうした現象に触れたとき、それをきっかけに多少の思いをめぐらすということは誰にでもあるだろう。それが、経営哲学までに昇華した典型的な事例が、松下幸之助の「事業の使命を知った」という「命知元年」と松下が表現する年のできごとである。

この年の三月、松下は天理教の本部を訪ね、そこで人々が「お金が目的でなくても」生き生きと教団のための仕事に立ち働いている姿を見た。それが刺激的なきっかけとなり、「使命を持つこと」が人間にとってどれほど大切かを深く思うことになった。そこから、自社の事業にも使命をみなが感じられるようにできれば、自分も従業員も強い信念を持って仕事ができるだろう、という経営哲学が育まれたのである。

もちろん、きっかけだけが大切なのではなく、そのきっかけから、「深くものごとの本質を考える」という姿勢を持つことが重要だと思われる。そうした考え抜く姿勢がなければ、哲学と呼びたくなるような深い思考には到達しないであろう。

「考え抜く」ためには、あえて「道理を考える」時間を長く持つことも重要であろう。そのやや極端な例が、本田の「人間休業宣言」である。

第二次世界大戦での日本の敗戦、そして敗戦後に占領軍を歓迎する日本人たちを見て、本田は敗戦直後に一年間の「人間休業宣言」をした。仕事を一切せず、「民主主義が何なのかわからない」といって民主主義とは何かを考える時間を自らつくった。

戦時中は鬼畜米英と叫び、天皇制礼賛だった日本が、一挙にアメリカ歓迎、民主主義歓迎と激変したことに刺激を受け、自分で世の中の道理を考えるための時間を一年間もつくったのである。このときの思いを、彼はこう語っている。

「世間がわからないのに仕事をするというのは、地盤のやわらかいところに物を建てるみたいなことだからやめた方がいい」(『人間の達人 本田宗一郎』269ページ)

その「深く道理を追求する」時間からどのような経営哲学が育まれたか、それを本田自身が明瞭に書いているわけではない。しかし、休業宣言明けには「国民一人ひとりが主人公」という考え方、「みんなに選択の自由がある」というような考え方を深く持ったであろうことは、その後の彼の行動から想像できる。

休業宣言の一年が終ったときに、本田は本田技術研究所という個人商店をつくったが、そこで最初に行った事業は庶民のための自転車補助エンジンの製造であった。戦前の彼が

「自動車」という当時は金持ちしか買えなかった製品の修理業やその自動車エンジンのためのピストンリング製造の事業を行っていたことからは、顧客層についての真逆の方向への転換であった。

こうして、刺激的な現象から出発して「なぜそういう現象が起きるのか」「その背後の人間の道理と世間の道理はどんなものか」と深く考えることが、経営哲学を育むうえできわめて重要である。

哲学の育み方のヒント

前項では、経営哲学を育むうえでのきっかけの大切さとそれを活かしてのものを深く考えることの大切さを強調した。この項では、より具体的に、経営哲学の育み方のヒントをいくつか述べてみたい。

経営哲学というとむつかしく聞こえるし、また自分はそういうことに弱いと感じておられる読者も多そうだ。しかし、大丈夫。哲学とは、当たり前のことを少し深く考えることだから、多くの人が自分の経営哲学を育めるはずである。その育み方のヒントを、以下の三つに分けて紹介しよう。

・育みの種
・育みのプロセス
・ものを考える際の姿勢

まず、育みの種である。哲学へといずれは育っていくものの種を、どんなところで手に入れるか。

本田の話がヒントになりそうである。彼は若い頃に、歴史講談読み物として彼の時代に一世を風靡した「立川文庫」の熱心な読者だった。このシリーズで取り上げられた人物は豊臣秀吉、徳川家康、さらには猿飛佐助、とじつに多様である。彼らの言動が、本田にとって哲学を考える種の一つだったのだろう。

つまり、書物から哲学の種を仕入れるということだが、それもリベラルアーツとしての哲学書などではなく、小説や歴史書から哲学を考えるための種を得るということである。たしかに、小説からは人間という生き物の道理を学べることがありそうだし、歴史書からは世間というものの道理を具体的に感じることができるだろう。もちろん、その種から自分が考えを深める必要があるが、身近な書物に哲学の種が隠れているのである。

だから歴史小説という分野の本は、哲学の種が豊かにある可能性も大きい。歴史小説を多くの経営者が好んで読むのは、そこに理由の一つがあるのかも知れない。

経営者の決断や彼らの人生の経験を書いた本を読むこともいいだろう。そうした本を読んで、この人の哲学は何だろうか、を考える。彼らは、どんな道理（人間という生き物の道理、世間というものの道理、自然と技術の道理）を頭に描いていたのか、それを想像するのである。

その際、経営哲学が書いてあると称する本でもいいが、もっと具体的な経営の実際、決断の詳細を書いた本の方が「育みの訓練材料」としてはいいかも知れない。彼らの行動の軌跡から、その人の内なる哲学を探るつもりで読むという読み方が、自分の哲学を育むための訓練になるのである。それが、三つの道理（人間、世間、技術）を「自分の頭で深く考える」ことにつながり、いわば「哲学を帰納的に育む」のである。

次は、育むプロセスについてのヒントである。

まず強調したいのは、「小さな」哲学を育むことから育みプロセスを始める、ということである。小さな哲学とは、小さな決断（つまり跳躍）をするために必要な哲学である。どんな偉大な経営者で「大きな哲学」を持った人も、最初から大きな哲学を持っていたのではない。経営者人生を重ねる過程で、少しずつ思考を深め、小さな哲学から大きな哲学へと育ててきたのだと、私は思う。だから、小さな哲学を考えることから始めよう。その後に、大きな哲学が育まれていく。

そうした「小から大へ」というプロセスを重ねる際に大切だと私が思う第二のヒントは、小さな哲学を使う跳躍を「実践する」ことである。つまり、小さな決断をあえて行う。その決断から生まれる、「自分が自ら育つ」という機会を活かすためである。

小さな跳躍でも、あえてそれをしようと思えば、その跳躍を支える自分の哲学は何か、と考える機会が生まれるだろう。その考えさせられる機会が、その人を育てる。また、小さな決断であれ、すべての決断の結果としてほぼ必然的に生まれるだろう事後的なゴタゴタの処理の経験が、想定外対処の判断能力、想定外対処への哲学を磨く、いい機会になる。

つまり、小さな決断から生まれてくる、「跳躍の哲学を考える、ゴタゴタを処理する、想定外に対処する、想定外への哲学を考えさせられる」というフィードバックを使うのである。そのサイクルの出発点として、小さな哲学を使う実践（つまり小さな決断）が大切なのである。

そのサイクルが機能すると、小さな跳躍の積み重ねから小さな哲学が育まれ、そうして哲学を育む機会を持った人のなかから、大きな哲学を持てる人が出てくる。より大きな哲学が育まれていく。

このサイクルの時間経過のなかで重要だと私が思う「育みプロセスの第三のヒント」は、

現場想像力をフル回転させて哲学を育もうとする、ということである。

現場想像力とは、小さな決断を自分でした後で、現場ではどんなことが起きているかを細かく観察し、さらに観察できないことをも想像する力である。そうすることによって、現場の細部を事こまかに理解しようとする。なにも現場をマイクロコントロールするために現場の細部を事こまかに理解しようとするのではない。細かい理解から哲学の育みへのプラスが生まれることを、期待するのである。

神は細部に宿る、とよくいう。現場の細部を詳細に理解すると、現場が動く原理がそこから見えてくる。その原理は、じつはより大きな原理、たとえば「人間という生き物の道理」あるいは「世間というものの道理」と同じ本質を持っていることがしばしばである。つまり、現場の細部の原理に大きな原理という神が宿っているのである。

現場想像力をフル回転させることの「思考プロセスへのメリット」は、自分の思考が宙に飛んでいってたんなる言葉遊びになってしまうことを防ぐ、ということである。

もちろん、たんなる言葉遊びから本物の哲学が育まれるとは誰も思わないだろう。しかし、哲学を考えようとすると、そうした深い思考を自分でしようとすると、ものを考えるには言葉で考えるわけだから、ついつい言葉遊びになってしまう、言葉の連想ゲームで思考が宙に飛んでいってしまう、そんな危険がある。

そのとき、現場想像力のフル回転で現場の動きをきちんと考えつづけようとすると、言葉遊びの危険は小さくなる。なぜなら、現場は飛ばないからである。飛んでしまえば、現場は動かなくなる。現場はじつは論理的に動いているのである。論理を考えてという意味ではなく、物理の法則のような当たり前の論理に従ってしか、現場は動けないのである。だから、思考が宙に飛ばないようにする、「固定点」の役割を現場のディテールが果たしてくれるのである。

哲学の育み方の最後のヒントは、ものを考える姿勢についてのヒントである。

哲学を育むための思考の基本は、素っ気ない話に聞こえるかも知れないが、自分で本質を考え抜くことしかない。「深くものごとの本質を考える」という姿勢を持つことである。そうした考え抜く姿勢がなければ、哲学と呼びたくなるような深い思考には到達しないであろう。これはすでに前項でも指摘したことである。

この姿勢を実践するためにも、小さな哲学から始めることの意味は大きいだろう。小さなことなら、自分で本質を深く考えられる可能性が高いからである。そうやって始めて、深くものごとの本質を考えるという姿勢を身につけていくのがよさそうだ。

Ⅳ

現場の羅針盤としての経営理念

経営理念が
現場の心に
火をつける

現場の決断と自己刺激を導く経営理念

前章で経営者自身の羅針盤としての経営哲学について概説した際に、経営哲学の基本的役割は経営者の「決断」を導くことである、と述べた。そして、章全体を「さまざまな決断が経営者の仕事」という項で始めた。

しかし、経営者が何を決断しても、その決断の方向性で現場がきちんと動いて組織としての実行をしなければ、つまり現場が経営者の決断の方向で現実に動いてくれなければ、組織としては何も起きないのと同じである。決断が空回りするだけである。しかも、たんに「決断の方向で現場の実務が動き出す」だけではなく、その実行がエネルギーを持って、現場が奮い立って、高い強度で行われて欲しい。

さらに、高い強度での現場による実行が始まったとしても、その後に環境の変化などで想定外の事態が起きることが、しばしばである。そんな想定外が起きたとき、現場がきちんと対処して欲しい。経営者からの指示が一々細かくなくても、ある意味で「勝手に」、しかし「適切に」状況変化に応じて動くのが、いい組織の現場である。

経営とは、経営者が決断と実行を行うだけではなく、他人を通して事をなすこと、なのである。他人、つまり現場で働く人々、経営者から見れば自分ではない「他人」が動いてくれてはじめて、事がなされる。それで、組織としての経営の成果があがる。

他人が勝手にしかも適切に動いてくれた典型例が、序章で紹介したグーグルでのアドワーズ誕生のプロセスである。ペイジのカフェテリアでの「ムカつく」という張り紙をきっかけに、週末に五人のエンジニアが「勝手に」新しいソフトの原型をつくって、週明けにはペイジたちに送っていた、というできごとである。

ここでは、二つのことが重要である。第一に、現場が自分たちで動こうと決めたこと。それは、現場が現場なりの決断をしている、と言い換えてもいい。この事例では、自分たちでソフトをつくってしまおうという決断と、その際にどんな特徴を持ったソフトにするかの決断、その二つの決断である。

そして第二に、五人のエンジニアたちが集団内で相互に刺激し合っている。いろいろな議論が彼らの間にあっただろう。その議論がどんどんと各人のアイデアを高め、各人が刺激されていく。その結果、個々のエンジニアがますます活発に動いていく、ソフトを書いていく。それをまた仲間内でチェックし合う。そうして、結果的には週末だけでソフトができあがってしまう。

つまり、「現場が活発に動く」とは、現場が現場なりの決断をすること、現場で個人レベルの自己刺激と仲間の集団レベルの相互刺激が起きていくこと、その二つが同時進行的に起きていくことなのである。個人レベルの自己刺激と集団レベルの相互刺激が起きることをまとめて、現場の自己刺激プロセスが活性化する、と呼ぶことにしよう（現場の自己刺激プロセスが活性化するような工夫をすることは、経営行動のきわめて重要な一部である。これについてのくわしい解説は、拙著『経営学とはなにか』〔日本経済新聞出版〕第4章を読んで欲しい）。

そうした「現場の決断」と「現場の自己刺激プロセス」を導くために、経営側からのさまざまな働きかけがありうる。

たとえば、第II章で説明したような、「事業の枠」としての戦略を決める、ということがある。具体的な事業活動の方向、資源投入の方向と量などの基本方針を定めて、それが現場の決断を導く、現場の自己刺激へのインパクトになることを期待するのである。あるいは、インセンティブシステムを工夫して、現場なりの決断を現場がしたくなるように、自己刺激をしていい仕事をしたくなるように、仕向けることもあるだろう。

経営理念を現場に提示し、その共有を図るということもまた、現場の決断と自己刺激を導く経営行動の一つとなりうる。理念的な羅針盤としての経営理念が、現場の決断と自己刺激の羅針盤となることを狙うのである。

ふたたびグーグルの例でいえば、「世界の情報を瞬時に誰にでも届ける」というグーグルの企業理念が、カフェテリアにペイジが張り出した検索結果画面についていた広告の内容がいかにその理念に合わないものかを、その紙を見たエンジニアたちに痛切に感じさせた。だから、その理念に合うような意味のある情報、「ユーザー最優先」という組織理念に合うようなユーザー本位の広告の掲載、という方向でのソフト開発を彼らは決断したのである。

さらに、「『すばらしい』では足りない」というグーグルの「10の事実」（それが組織理念である）の一つが、彼らの自己刺激プロセスを活性化させることに貢献しただろう。できる限り努力して、短い時間で「『すばらしい』を超えた」いいソフトをつくろうとする努力への自己刺激となったのである。

もちろん、彼らの「週末のソフト開発」という現場の行動が、経営理念だけで可能になったということではないだろう。さまざまなグーグルの経営行動が多様な貢献をして、この現場行動に結実したのである。しかし、経営理念が一定の効果を持ったこともまた、十分ありうることなのである。

現場ではさまざまな想定外のできごとが起きる。そんな想定外のすべてに対してくわしい対処計画を事前に持っておくことなど、不可能であろう。だから、現場の決断と行動に頼るしかないことが多い。そんな状況では、理念的な羅針盤を現場が持てることの意義は、かなり大きいのである。

たとえば、東日本大震災発生直後の東北地方沿岸部でのヤマト運輸のドライバーたちの行動（救援物資を自分たちの判断であちこちの避難所に届ける）もまた、そんな現場による想定外対処の一つの例である。上司に相談することもままならない状況で、理念的な羅針盤を彼らが持っていたことは、彼らの素早い行動と頑張りの背後の大きな要因の一つであったろう。

宅急便は社会的インフラであるという企業理念、「サービスが先、利益は後」「ヤマトは我なり」という組織理念があればこそ、現場が「勝手に、かつ適切に」動くことができたのである。まさに、現場の羅針盤としての経営理念の機能が発揮された瞬間であった。

経営理念の三つの機能と経営哲学との違い

前章で経営者自身のための羅針盤としての経営哲学の機能を考えた際、経営哲学には経営者の決断の「発想を導く」機能と経営者の決断の最後のステップである「跳躍を助ける」機能があると述べた。

それと同じように、現場のための羅針盤である経営理念には、①現場の決断のための「発想の方向性を導く」機能と、②現場の人々の「跳躍を助ける」機能がまずある、といえる。

現場でも、決断というのは、直感が生む発想に対して、論理によって検証を加え、最後には「わからないことがまだ残りながらも」跳躍するのである。経営者の決断の構造と同じことが、現場の人々の決断についてもいえる。もちろん、経営者レベルの大きな決断と現場レベルの小さな決断には、組織全体に与えるインパクトの大きさという点では違いがあるが、決断に至るまでの基本構造は同じだと思ってよい。

だから経営理念は、現場の人々の現場対応行動として何がいいかを直感的に現場が考える際に、彼らの直感的発想の方向性を導く機能と、最後にその発想の方向性で現場なりの跳躍をすることを助ける機能を持たなければならないのである。

それに加えて、経営理念には、③現場の自己刺激プロセスを活性化させるという機能が重要となるだろう。現場が奮い立ち、頑張り抜くための心理的エネルギーを理念的に支える、という機能である。

グーグルのエンジニアが「ユーザーに意味ある情報を与えるのが使命」と感じて自己刺激をする。ヤマトのドライバーが「自分たちは社会的インフラを担っている」という使命感を感じて自己刺激をする。そんな自己刺激プロセス活性化のための理念的支えである。

理念的支えで自己刺激プロセスが活性化していると、たとえば想定外の逆境で粘る覚悟が現場の多くの人に生まれるだろう。あるいは、思いがけないチャンスが現場にめぐってきたときに、それをトコトン利用してやろうという心理的エネルギーが生まれるだろう。

以上をまとめれば、現場のための羅針盤としての経営理念の機能は、以下の三つということになる。それが、「経営理念が現場の心に火をつける」というこの本のタイトルの意味である。

・現場の発想を導く
・現場の跳躍を助ける
・現場の自己刺激を活性化する

こうした機能をきちんと果たせるためには、十分なインパクトのある経営理念の内容でなければならない。どんな企業理念がいい理念になりやすいか、どんな組織理念がいい理念になりやすいか、それは次項以降に議論しよう。その前に、経営理念の共有という問題を考えておきたい。

いい内容の経営理念がつくられても、それが組織のなかで共有されなければ意味は小さい、というのが当たり前の結論である。多くの人が（全員ではないであろうが）同じ理念を共有しているからこそ、現場の人々のそれぞれの行動が各所でちぐはぐなものにならずに済む。組織はメンバーの協働によってはじめて組織としての成果があがるのだが、その協働のためには同じ理念が共有されている必要がある。

さらに、理念を共有しているということ自体が、現場の自己刺激にプラスの影響を与えるだろう。「めざす理念が同じ」ということが生み出す、同志感覚（理念共同体感覚といってもいい）が、「自分一人ではない、仲間が大勢いる」と集団内の相互刺激へのプラスになるのである。

もちろん、メンバー間の理念共有の程度が「完全」というレベルになることはありえないかも知れない。理念共有とは人間の頭と心のなかの問題だからである。しかし、かなりの程度に共有されていなければ、むしろバラバラの理念の理解ゆえに現場の各人の自己刺激や決断の方向性にバラツキが生まれてしまう危険がある。そうなったらかえって、組織としての協働にはマイナスになる。そして、経営理念は共有しないが上からの指示はきちんと守る、という組織の方が全体としての成果はかえってよくなる可能性すらある。

したがって、経営理念は組織のなかでかなり共有されていてはじめて組織の成果につながる。低い共有度ならかえって、共有ゼロあるいはそもそも経営理念ゼロの方がまだましな組織成果になることすら、考えられる。

組織のなかの経営理念の「共有」の問題と、経営哲学と経営理念の「一致」の問題とは、微妙な違いがあることを理解しておくことも重要だろう。無駄な混乱や思い込みを防ぐためにも。

経営哲学は、経営者個人の行動を導くための、「経営者個人の」哲学である。経営者個人の考え方の本質部分である。一方、経営理念は、現場の羅針盤として、現場のためにある「ものの考え方」の共通指針である。

つまり、経営哲学は、経営者のためにある。経営理念は、現場のためにある。そして、組織のメンバーにとって大切なのは、経営者の経営哲学そのものではなく、彼らが共有する経営理念である。

もちろん、この章の後半で議論するように、経営者が経営理念の形成プロセスに深く関与するのがふつうであろうから、経営哲学と経営理念の間には自然に深い関係が生まれてくる。しかし、両者は別物で、完全に一致する必要はない。

英語で表現すると、経営哲学も経営理念もともにマネジメントフィロソフィーとなりそうだが、経営哲学はマネジメントフィロソフィー、経営理念はマネジメントプリンシプルと異なった単語を与える方がよさそうだ。その違いのニュアンスは、経営哲学はより抽象的、経営理念はより具体的で現場の指針になりやすい表現、という違いである。

それが、たとえばアマゾンの組織理念と私が考えるものが、アマゾンでは「リーダーシップの原理」と呼ばれている理由だろう。現場でリーダーシップをとる人が守るべき理念的原則、という意味である。そしてベゾス個人の経営哲学は、もちろんこのリーダーシップ原理の骨格を形づくってはいるのだが、哲学としてまとまった言語表現をされることはあまりないのである。

経営哲学と経営理念が「完全に一致している必要はない」と私は思うが、基本的な矛盾が両者の間にあるようだと、経営理念を組織の人々が信じなくなるだろう。さらに第Ⅱ章で述べたように、きちんとした経営哲学を明確に経営者が持っていることで、組織のための経営理念にインパクトをもたらす経営者の本気度を示すことができ、経営理念の信頼性に大きく貢献するだろう。

ここで大切なことは、経営理念は現場のためにある、ということをきちんと認識することである。経営理念は、ホームページを飾り、会社のＰＲに役に立つためにあるのではないのである。そして、経営理念が組織のなかで信頼され、共有されるためには、経営者の経営哲学のバックアップがしばしば大きな貢献をするということである。

いい企業理念の共通項

経営理念は、企業理念と組織理念からなる、と第Ⅱ章で書いた。企業理念は「自社の存在の使命や目的」を示すもの、組織理念は「組織運営の基本方針」を示すものだが、ともに現場の羅針盤としての三つの機能（発想を導く、跳躍を助ける、自己刺激を活性化する）をきちんと果たせるようなものが、「いい経営理念」の基本的定義である。

そしてそうした機能を現場の人々に対して果たせる基本的な理由は、ちょうど経営者のための経営哲学がそうであったように、経営理念が次の三つの道理に合っている、と多くのメンバーが思えるからであろう。

・人間という生き物の道理
・世間というものの道理
・自然と技術の道理

自分たちの組織の経営理念が深い原理的なものにつながっていると現場が感じられるからこそ、納得性が生まれ、理念としてのインパクトが生まれるのである。そして、この三つの道理に合うためには、企業理念にせよ組織理念にせよ、抽象性がある程度必要であろう。

さらにその内容として、いい企業理念にはいい企業理念の、いい組織理念にはいい組織理念の、かなり共通項もあると私は観察している。その共通項を、それぞれ考えてみよう。この項では企業理念の、次の項では組織理念の、三つの共通的特徴をあげてみたい。

まず、いい企業理念について、私は以下の三つの特徴がしばしば共通していると思う。その特徴を事例とともに説明しよう。

・社会のなかの自社の位置づけ（社会的使命）がイメージ可能なように描かれている
・時間をかけて一貫して追える、長期的展望がある
・理想を追うが、非現実的でもない

社会的使命とは、自社の存在の大義名分といってもいい。世の中できちんと社会的な意義のある事業を行っている、という大義名分である。その大義名分がなければ、稲盛がいうように、人は本当には動かない。稲盛は『経営12カ条』（日本経済新聞出版）という経営者として貫くべきことを書いた本の第一条に、「公明正大で大義名分のある目的をたてる」ことをあげている。

そして、「社会的使命」は、現場の人々が具体的にイメージ可能なように描かれている必要がある。それでなければ、現場に十分に伝わらない。

そうした企業理念の典型例が、ヤマトの「社会的インフラとしての宅急便」という理念であろう。社会的インフラだから、社会のなかで望まれること、多くの人が必要とすることをやっている、という感覚が生まれるし、組織の人々にも具体的なイメージが可能な表現になっている。社会的インフラになれるくらいの運送システムを構築してきたのだから、世間の道理（人々のニーズ）にも自然と技術の道理（運送技術のシステム）にも合致しているのである。

あるいは、グーグルの企業理念である「世界の情報を瞬時に誰にでも届ける」という理念も、自社の社会のなかの位置づけが働く人々にとってイメージ可能なように描かれている例である。当然インターネット技術を前提とした理念だから、インターネットをフルに活用して、さまざまなデジタル情報を望む人すべてに届ける、という使命になる。たんに「検索サービスを行う」という事業のイメージよりは、広いしかつ社会的な使命を感じやすいだろう。

社会的使命の表現を「フワッとした」ソフトな表現にしてしまうと、組織の人々が何をめざそうとするのかの具体的なイメージが描きにくくなる。それでは、現場のための羅針盤としての機能は果たせないだろう。しかし、あまりに具体的な表現になってしまうと、社会的使命という位置づけができずに、自社の成長と利益獲得だけがぎらつくような表現になりかねない。それでは、使命を現場が感じるような企業理念にはなれないだろう。

いい企業理念の第二の共通項、「時間をかけて一貫して追える、長期的展望がある」とは、二つの可能性を人々に感じさせる企業理念である。一つは、組織としての長期的な存在可能性の源泉がきちんとある、ということである。短期的な需要を満たしてしまえば、もうそれ以上は将来の大きな展望はない、ということであれば、人々が奮い立つ、持続的に努力を注ぎつづけるような企業理念にはならないだろう。

第二の共通項の「時間をかけて一貫して追える」という部分が、二つ目の可能性を感じさせてくれるだろう。それは、現在行っている組織的努力を続けていくと、その先に拡がりや深掘りが生まれやすい、というイメージである。だから、時間をかけて一貫して追うことが大きな成果をもたらしてくれる。

この特徴を色濃く持っているわかりやすい例が、グーグルの「世界の情報を瞬時に誰にでも届ける」という企業理念である。インターネット関連技術の進歩とともに、この企業理念が「飽和」するような技術環境は当分ありえない。だから、一貫してこの理念を長期に追いかけていけるという展望があるのである。それは、世間の道理でもあり、技術の道理でもある。

さらに、インターネット技術はじつに多様な拡がりをもたらしてくれる。だから、一貫して追えば、その一貫性ゆえに大きく成長できる可能性が高いのである。

「理想を追うが、非現実的でもない」という企業理念の第三の共通項は、案外とむつかしい。理想を追う部分がかなりなければ、人々は奮い立たない。しかし、非現実的であれば、その理念を人々が信じない。白けるだろう。

『ビジョナリー・カンパニー』（日経BP）というベストセラーを書いたジム・コリンズは、これを「現実的な理想主義」と表現している。それがいいビジョナリー・カンパニーの共通の特徴だ、というのである。現実的に追えるぎりぎりの理想を理念として掲げることが、大切なのである。

稲盛が日本航空の再建に乗り出したとき、京セラ時代以来の企業理念である「全従業員の物心両面の幸福を追求する」を日本航空でも強調した。しかし当初、それまで数々の労使関係のトラブルに悩まされてきた日本航空の幹部たちは、この企業理念の強調に反対した。「労働組合の要求が一気に激化する」という恐れを彼らが持ったからである。

しかし稲盛は、この理想を強調しなければ、再建に現場の人々が協力する気運が高まらないと判断した。そして、労働組合の人々も含めて、現場の人々が日本航空の再建に心から協力することによってのみ、彼らの物心両面の幸福が結果として追求できるはず、と幹部や現場の人々を熱心に説いた。

この企業理念は、稲盛にとっては非現実的な理想ではなかった。そう思う稲盛の説得が現場の人々に伝わり、彼らもまた非現実的ではないと思えるようになったのであろう。しかし、多くの日航社員がこれまでの組織の実態からすれば随分と理想的と思ったはずである。理想を追う、そして大義名分がきちんとある、という企業理念の大切な部分を、彼らが感じたと思われる。

いい組織理念の共通項

いい組織理念は、現場の人々に訴えるものを持っている必要がある。それも、社会との関係で訴えるのは企業理念の役割で、組織理念は組織として動くときに起こりがちな「ついつい」の甘えや現実的すぎる行動からの回避として訴えるものがあることが重要であろう。

その意味では、現場の人間の心に訴えるような、「人間という生き物の道理」に合っている（それが考え抜かれている）のが、いい組織理念の共通項に通底する特徴だと思われる。そして、その共通項として、しばしば次の三つが見られる。

・具体性のある指針だが、細かな指示ではない

・そこまで言うか、という驚きの要素がある
・人間の足らなさや弱さを前向きに突いている

「具体性のある指針」とは、現場が自分たちの具体的な行動をイメージできるだけの現実感がある指針、ということである。「細かな指示ではない」とは、具体的すぎて現場の行動を一々指示するようなものになってはまずい、ということである。それでは、現場の自由度を取り上げることになり、自由がない状態では自己刺激も真の決断も起きにくくなってしまう。

そのいい例が、「ヤマトは我なり」であり、そこに込められた「全員経営」という理念である。自分たちが、責任を持って現場の行動を考える、という意味の組織理念で、その意味では具体性はある。しかし、誰が何をすべきという細かな指示にはなっていない。全員が責任を持ち、そしてみんなで協力する、という趣旨の組織理念なのである。

グーグルの「10の事実」であれば、「ユーザーに焦点を絞れば、他のものはみな後からついてくる」が、そのいい例だろう。ユーザーを優先順位第一に置くとはっきりとした具体性があり、しかも、それを徹底すれば他の関係者の満足も自然についてくるから安心せよ、ともいっている。現場で八方美人の資源配分が行われて、結果として誰も満足しない

ようなあぶはち取らずの結果にならないように、という警告も入っている。

ヤマトの例もグーグルの例も、抽象性と具体性のほどよいミックスがある、というのがこの第一の共通項である。

第二の共通項である「そこまで言うか、という驚きの要素がある」は、ふたたびヤマトを例にとれば、「サービスが先、利益は後」である。利益は後、という言葉がついているのがポイントで、サービスをそこまで優先するのか、という驚きがある。「サービスを最優先せよ」とだけいうこととの違いは、じつは大きい。利益を第二順位に置くことが明記されていることが、営利企業としては驚きであろう。

その驚きが人々の刺激になり、「驚きがない」場合と比べてより現場を奮い立たせる。すでに紹介したように、東日本大震災の発生直後の東北地方でヤマトのドライバーたちは奮闘したのだが、その背後には、「宅急便は社会的インフラ」という企業理念があっただけではなく、「利益は後」と言い切る組織理念のインパクトもあったと思われる。

京セラの「心をベースとして経営する」という組織理念にも、ふつうの人には「そこまで心を大切にしてビジネスとして大丈夫か」という驚きがあるだろう。しかし、結局は、心をベースにした方が、組織としての結束が強くなり、あるいは個人としても気持ちが奮い立つ面があり、それが「ビジネスとしても」いい結果をもたらすだろう、という道理がこの組織理念の背後にはある。

この二つの例に共通するのは、「驚き」がもたらす現場への刺激が、現場が組織理念全体を自分たちの羅針盤にしようとする気持ちをより高める、という道理である。当たり前感が満載の組織理念ではダメ、というのが、この第二共通項の意味である。

いい組織理念の第三の共通項は、その理念が「人間の足らなさや弱さを前向きに突いている」ということである。

たとえばグーグルの「10の事実」にある、「すばらしい」では足りない、という組織理念である。ふつうの人はついつい、「すばらしい」が達成できればそれで十分と思ってしまいがちであろう。そうした「自分に甘い」という弱さを多くの人が持っている。その弱さをずばっと突いて、「それではまだ不十分」と警告をしているのである。

あるいは、アマゾンの「リーダーシップの原理」の第一番目に掲げられている、「顧客にとことんこだわる」もその例である。英語の表現では、obsessという言葉が使われている。直訳すれば、「偏執狂的に考える」という意味になる。「偏執狂と思われるほどに徹底的」に顧客のニーズを考えよう、という組織理念なのである。

それほどに徹底して顧客のニーズを考える人は、少ないのがふつうだろう。それが多くの人の足らなさである。「顧客のニーズをかなり考えたから、まあそれでいいか」と考えがち、という足らなさである。

こうして人間の足らなさや弱さを突かれると、多くの人が内心でぎょっとし、自分を見抜かれているようで身が引き締まる思いをすることだろう。そして、「たしかにそうだな」と納得する人も多いだろう。その納得感が、組織理念をわがこととして受け止めようと思う気持ちの源泉になる。

そして、その「弱さの突き方」が前向きであることが、大切である。前向きゆえに、さらなる努力へのモチベーションが現場で高まる。どの方向へ正せばいいかがわかりやすいのである。ポジティブプッシュがある、と言い換えてもいい。弱さや足らなさをただ非難されるように突かれることとの差は大きい。

この第三の共通項の特徴は、「人間という生き物の道理」にどんぴしゃで向き合っている、ということである。もちろん、第一、第二の共通項も人間という生き物の道理に合ってはいるのだが、その色彩が一番濃いのがこの第三共通項であろう。

経営理念を育む

経営者個人の経営哲学が生まれてくるプロセスを私は前章で、「育む」と表現した。組織の現場のためにある経営理念でも、それが生まれてくるプロセスは「育む」と表現するのが適切だと思う。

経営理念は誰かが独断で突然に「制定して、組織に押しつける」ものではなく、またみんなでつくろうと組織のメンバーだけで議論を重ねてその結論として生まれてくるものでもなさそうだ。土のなかに大きな樹が根を張るように、周囲の土壌の環境のなかで自然に、しかし多少のコントロールをしながら、生まれ、浸透してくるものであろう。

この本で扱っている六社を考えても、経営理念は、その組織の歴史のなかで、さまざまなできごとの積み重なりとそのできごとへの人々の反応のなかから、なかば自然に、なかば人為の手（経営者からの大きな影響）が育みプロセスに加わりながら、その結果として生まれ、浸透してきたものであろう。それが、現場に根をおろした経営理念の姿である。

もちろん、経営理念を育むプロセスでの経営者の役割は当然に大きい。いい経営理念が育まれてくるプロセスでの経営者の貢献として、次の三つの役割があると思われる。

・経営理念のベースになる哲学の提供者
・経営理念の育みプロセスの旗振り役
・経営理念に魂を吹き込む役

第一の役割は、経営理念という理念的な「基本方針」のベースになる哲学を、経営者自身の経営哲学が提供する、という役割である。ただし、「ベース」を提供するのであって、経営理念全部が経営者によって提供されるということではないのが、ふつうだろう。

第二の役割は、たとえば理念を現場の人々が語り合う場の設定、理念の育みに貢献する現実の経営行動の実践、さらには経営理念を組織としてつくりあげる最後の取りまとめプロセスの旗振り役、などいくつもの「育みに向けての旗振り」がありそうだ。

第三の役割は、育まれ形成されてきた経営理念が実際に現場にインパクトを与えるように、魂を吹き込むという役割である。第Ⅱ章で説明した「経営理念に沿った激しい行動を自らとる」というのは、経営理念に対する経営者の本気度を見せ、魂を経営理念に吹き込むための行動の一つの大きな例である。

三つの役割のそれぞれがどの程度の大きさになるか、三つの役割の間の相対的な比重はどうなるか、それは経営者の個性に依存するだろう。

たとえば、本田は「ベース哲学提供者」としての役割が大きく、そして「魂の吹き込み役」としてもきわめて大きな存在だった。組織のための経営理念の育みのプロセスでは、本田自身の貢献も大きかったが、案外と補佐役の藤澤武夫がかなり分担したようだ。

多くのリーダーシップの強い経営者は、ベースの哲学の提供者という役割を自然に行うであろう。この本で紹介してきた六人の経営者は、いずれもそうだった。

経営理念が育まれてくるプロセスに、一つの標準型といったようなものはないだろう。企業の置かれた状況、経営者の個性によって、かなり異なってくると思われる。先に、いい企業理念といい組織理念には共通項があることを指摘したが、できあがったものには共通項はあっても、それが生まれるプロセスにはそれほどの共通項はないということである。

それは、たとえば経営戦略についても、いい経営戦略にはさまざまな論理的な共通項があるが、それが発想され、生まれてくるプロセスは多様だ、ということと似ている。

しかし、共通項がまったくないわけではない。二つの共通項が指摘できる。

一つは、すでにたびたび述べているように、経営者からの押しつけだけで生きた経営理念が生まれることはない、ということである。もちろん、経営者の経営哲学が組織の経営理念の形成に重要な役割を果たすことはたしかだが、それを押しつけるだけでは、現場の人々が受け入れるような経営理念にはすぐになりそうもない。

そこでは、経営者と組織のメンバーの間の、多様なキャッチボールがあるのであろう。理念の言葉そのものをめぐってのキャッチボールもあるだろうし、経営者の現実の経営行動への現場の反応（納得しての理念に沿った現場行動、あるいはしぶしぶ従う、など）から経営者が汲み取る現場の思い、というキャッチボールがあってもいい。そうしたキャッチボールの積み重なりのなかから、組織が納得して受け入れる経営理念が育まれていく。

理念育みプロセスの第二の共通項は、組織の内外で起きるできごとの積み重なりが、かなり巨大でしかもユニークかつ強烈なものであるとき、いい経営理念がかなり短期間で生まれやすい、ということである。

できごとの積み重なりとは、企業から市場への働きかけ、それへの顧客や社会の反応、それへの現場の再反応、そうしたものの積み重なりである。それらの全体の積み重なりのなかから、経営理念は育まれてくる。第一の共通項では経営者と現場とのキャッチボールを指摘したが、この第二共通項ではもっとスケールが大きく、市場や社会を巻き込んだできごとの連鎖をイメージすればいい。

グーグルでは、創業者たちが自分自身で開発した検索エンジンを基本的武器にして、創業後の数年でかなり大きな市場での反応を勝ち取った。その反応に呼応して、組織のなかでも新しいソフトの開発などインパクトのある大きなできごとが連続して起きた。

アマゾンでも、ホンダでも同じだろう。ヤマトでは、宅急便創業のころに、大きなできごとの積み重なりが起きた。ヤマトという組織の創業ではないが、宅急便企業として生まれ変わったヤマトとしては、第二創業期といってよい。

そのできごとの強烈な、あるいは厚い積み重なりが、組織のなかでの共通体験を大量に生んでいく。その共通体験が、経営理念の育みに大きく影響する。共通体験の抽象化の結果として、人々が納得する経営理念が育まれてくるのである。

その育みプロセスのより詳細な分析は、第Ⅵ章に譲りたい。この段階では、経営理念の育みにとっての、共通体験の積み重なりとそこからの抽象化の重要性を指摘しておくに留めよう。

経営理念浸透のための五つの条件

しかし、どのような育み方であろうと、育まれた経営理念の成功の鍵は現場への浸透である。

経営理念が現場の人々の羅針盤である以上、それが人々の間に浸透していることは、経営理念が組織に実際のインパクトを持つために必須である。

ここで「浸透」といっているのは、その経営理念を組織の多くのメンバーが「わがこと」としている、自分の考え方の基本に取り入れている、その意味で彼らが内部化している、という意味である。

人間のものの考え方に大きな影響を与える（理念の浸透とはそういうことである）のは、容易ではない。したがって、経営理念浸透のためには、多様な手段の総動員が必要となるだろう。多くの理念浸透の成功例を見ると、次の五つの条件の大半が（すべてではないにしても）備わっているようだ。それが、経営理念浸透のための五つの条件である。

1. 言葉が大切
2. トップの背中が大切
3. 共通体験が大切
4. 神話が大切
5. 語り合うことが大切

まず第一の条件は、経営理念をわかりやすくかつ理想を感じさせる「言葉」で表現できていること、である。つまり、浸透のためには「言葉が大切」ということである。わかりやすい言葉とは、具体性を感じられ、かつ簡潔に表現された言葉、ということになるだろう。それでないと、経営理念は人の心に刺さらない。刺さらなければ、その理念は浸透しにくいだろう。

言葉が大切なことは、とくに強調される必要がある。理念はおもに言葉で伝えるものだからである。その言葉が大切にされていないと、伝わる、浸透する、ということがそもそも起きようがないのである。

第二の条件は、「トップの背中が大切」ということである。トップの背中が経営理念への個人としてのコミットメントをはっきり示していないと、とてもその理念は組織に浸透しそうにない。

組織の人々は、何かにつけトップの背中を見ている。その背中に表れるトップの姿勢や意志をよく見ているのである。すでに第II章で、経営理念を熱く語ることと激しい行動がトップの本気度を示すために重要であることを述べた。熱く語る背中、激しい行動をとる背中、それが大切だという例である。

第三の条件は、経営理念に沿った具体的行動を、多くの人が共通に「体験」することである。その共通体験から、人々の間に共通体験の背後にある理念や考え方の浸透が始まる。人間は体験から、ものを考え、他人と思いを通わせることのできる存在なのである。

先に経営理念の育みを考えた際に、「できごとの積み重なり」のなかから共通体験の大きな積み重なりが生まれ、その共通体験からの抽象化が経営理念の育みに大きく貢献する、と述べた。その際も原点は、できごとの「共通体験」であった。

それと同じことが、理念の浸透の際にもいわば「繰り返される」のである。浸透の場合は、すでに育まれた理念を象徴するような行動の共通体験が重要となる。その共通体験が、人々にその理念をいわば「体感」させるのである。その「理念の体感」が、浸透への大きな助けとなる。

共通体験を意図的につくるということは、擬似体験にならざるを得ないかも知れない。たとえば、創業時に企業に大きなインパクトを与えたような現場行動を、毎年、一定の日（たとえば創業記念日）に疑似的に全社で共同で行う、というような例である。あるいは、実際に行動そのものがとられなくても、その行動を語り合う場を毎年用意する、ということでもいいであろう。

理念を具現化している行動の共通体験を多くするための経営の工夫の一つとして、組織内の経営の具体的ステップとして理念を象徴する行動がとられるように仕向けるものがある。

アマゾンに例をとれば、二〇〇九年の株主への手紙のなかでベゾスは「目標を定める」（大きな目標を自ら掲げる）ことの大切さを書いている。そして、組織全体でのさまざまな目標四五二項目のうち、三六〇項目は顧客体験に直接にインパクトを与えるような行動の目標だった、と述べている。売上という言葉は目標設定で八回しか使われず、フリーキャッシュフローは四回だけ。利益についての言葉（純利益、粗利、粗利率、営業利益率）は一回も使われていない。

これは、「顧客にとことんこだわる」という理念が目標設定に具現化され、その目標設定が「顧客体験をよくする」という共通体験を多くの働く人々にさせている、という例である。そうした共通体験が、この経営理念の浸透に大きく貢献していると思われる。

第四の条件に出てくる「神話」とは、経営理念を「象徴」するような伝説的な行動・事件や人物についての、しばしば語られる「お話」である。そんな神話の存在が、そしてそれを多くの人が語り、かつ知っている、そして他人に伝えたがる、ということが、経営理念の浸透を助けている。

たとえば、前述のヤマトでのスキー宅急便事件は、そんな神話の一つだろう。その神話が、「サービスが先」という理念をわかりやすく伝え、東日本大震災のときの東北地方のヤマトの営業所で生きた話は、前章で紹介した通りである。

あるいは、序章で紹介したペイジの検索結果画面の張り出しも、神話の例である。「ムカつく」という激しい言葉とともに張り出したペイジの行動とその後の見事な新しい広告エンジンの開発の物語は、伝説的な話としてグーグルで語り継がれ、幹部が書いた本にくわしく紹介されるまでになっている。まさに、「神話」になっている。

第五の条件は、経営理念を語り合うことが大切、である。理念を組織の人々が語り合う公式・非公式の場がしばしば設けられている、生まれていることの大切さである。

そうした場は、社内報への理念に関係する話の経営者からの投稿（とそれへの感想を現場で自然発生的に話し合うこと）によってつくられたり、あるいは経営理念を考える研修を経営側が企画することで設けられたりする。あるいは、グーグルの毎週金曜夕方のカフェテリアミーティング（ＴＧＩＦ）も、しばしば理念につながる会話が自然に生まれる機会になっているだろう。

人々が経営理念を語り合うことの意義は、基本的に二つあると思われる。一つは、メンバーが「自分の仕事」（会社全体の事業ではない）が持っている意味を理念をきっかけに考えることである。それが、自分の仕事を会社全体の事業のなかで位置づけ、自分の仕事の大切さに納得する、という自省の機会につながる。それが理念をより深く考える機会になっていく。

理念を語り合うことの第二の意義は、他のメンバーとの間の理念理解についてのコミュニケーションである。そうして他人の理念理解を聞くことが、自分の理解をさらに深める機会になりうる。そうなると、理念の浸透は進むことが想定される。

以上のような五つの条件をきちんと整えることは、かなりむつかしいだろう。だから、経営理念の本格的な浸透がそれほど簡単には起こっていないのである。しかし、むつかしいからといって、あきらめるべきではない。経営理念をベースにした経営をめざすなら、五つの条件を地道に実行することを組織全体で試みつづける必要があるだろう。

組織文化にまでなれるか

経営理念の組織内での浸透が深くかつ持続的になれば、経営理念は組織文化の一部になるだろう。それを、浸透の極致は組織文化の一部になること、と言い換えてもいい。しかし、それは簡単なことではない。だから、この項のタイトルを「組織文化にまでなれるか」と私はつけたのである。

組織文化とは、組織のメンバーが共有するものの考え方、ものの見方、感じ方である。どんな組織も、強弱、良し悪しの差はあっても、なんらかの組織文化を持っているのが、ふつうである。堅くて保守的、あるいは官僚的な組織文化もあれば、ダイナミックな、新しいことへの挑戦をよしとする組織文化もあるだろう。同じ大学を卒業した似たような学生が、卒業後勤めた企業の社風によってかなり変わってくるのは、誰もが自分のまわりで経験することである。

組織文化は、日頃のさまざまな仕事の仕方が、その組織に働く人々の考え方やものの見方に自然に影響を与えて、結果として生まれてくる部分も多い。たとえば、一つのミスが大きな事故につながるような現場では、当然に保守的な文化になりがちだろう。新しい事業がどんどん立ち上がり、その成果が働く人々の処遇に目に見えて反映される現場では、挑戦への文化が育ちやすいだろう。

こうした「土着」ともいえる組織文化は、文書に書かれている経営理念とは、じつは別のものである。もちろん、この項の冒頭に述べたように、経営理念が組織文化の一部となることはありうるが、それは二つの別なものに同じ部分が存在するようになることがある、ということである。

「メンバーが共有するものの考え方、感じ方」をより厳密にいえば、抽象的なレベルで二つの部分からなるだろう。第一は、人々の価値観である。何に人々が価値を置くか。何が大切で、何がより大切でないか。そうした「価値観」のなかでも組織の多くの人に共有されているものが、「組織の価値観」である。それが組織文化のもっとも基本的な部分である。その根底には、その組織が存在している社会全体のなかの共通的な価値観があるだろう。

組織文化の第二の部分は、人々に共有されたパラダイム（つまり環境の理解についての認識と思考の基本枠組み）である。われわれの身の回りでは、さまざまなできごとが起こっている。人は、それをさまざまな形で認識し、意味をくみ出し、それにもとづいて判断をし、最後に行動をとっている。

その認識から判断、行動に至るまでのそれぞれの個人のなかで行われる思考のプロセスで、一つの組織のなかの人々に共通項が生まれてくることがしばしばある。その共通の「認識と思考のパターン」がパラダイムである。個々人が持つパラダイムが多くの人の間で共通性を持つとき、その共通の認識と思考のパターンを「組織のパラダイム」という。

その認識と思考のパターンは、人々が日常的な仕事で経験することの総体から、その仕事のやり方にフィットした形でつくりあげられるのがふつうである。たとえば、情報などのようにして獲得されるべきか、どこに思考の焦点を合わせるべきか。こうしたルールを、一つの組織ではなかば無意識のうちに共有しているものである。

組織文化のベースとなる日常的な経験の総体を決めているのはしばしば、その企業が仕事をしている環境のあり方である。どんなモノを扱っているか。どんな技術でそれをつくり、流通し、売っているか。どんな市場でどんな顧客を相手にしているか。

たとえば、変動の大きい株式を扱う証券会社員と変化の少ない預金や貸金を扱う銀行員では、同じ経済現象の認識でもあるいは仕事のやり方でも、違いが出てくる。化学材料の混ざり方のほんの少しの違いが最終製品の品質に大きな影響を及ぼすファインケミカル関連の企業の人は、きわめて微細なことをつねに気にする必要があり、慎重になるのが望ましいが、重電のような大きな機械をつくる人はむしろ全体を考えることを優先する思考が望ましいことも多い。

あるいは、競争の少ない市場で育った組織は、ついのんびりした殿様商売になってしまう。あるいは、きわめてきびしい顧客に文句を言われながら鍛えられていく技術者と、おとなしい顧客をむしろ自分の都合で動かしてきた技術者では、「顧客のニーズにはどう応えるのが当たり前か」についてのパラダイムがやはり違うだろう。

以上のように、組織文化を抽象的に捉えると、組織の価値観と組織のパラダイムという二つの部分からなることがわかる。それぞれの部分が生まれるプロセスに、ただ自然に任せるだけでなく、経営の側からの働きかけがありうる。その重要な例が、経営理念を浸透させようとする努力である。

第II章で、経営理念＝企業理念＋組織理念、と書いたが、組織の価値観に働きかけようとしているのが、企業理念である。もちろん、企業理念が組織の人々の間に共有される価値観のすべてを決めているというわけではない。企業の置かれた社会全体の価値観が、当然にベースにある。しかし、企業理念は人々の価値観に反映されるようになってはじめて、組織のなかで機能するようになるであろう。

組織のパラダイムに対して働きかけようとするのが、組織理念である。もちろん、組織理念が組織のパラダイムのすべてを規定できるわけではない。しかし、組織理念は、人々のパラダイムに反映されてはじめて組織に対する意味を持つ。

そういう状態になることが、経営理念が浸透して、ついに組織文化の一部になる、ということである。そこまでいって、経営理念は深く浸透し、持続性を持つようになれる。

しかし、それは簡単なことではない。そこまで考えて、前項の「浸透プロセスの工夫」が真剣に考えられる必要がある。

V

理念経営の落とし穴

経営理念が
現場の心に
火をつける

理念経営とは

現場にとっての羅針盤としての経営理念はいわば理念的な「抽象度の高い方針」だが、それが現場にとって自分たちの行動（経営行動、現場行動）を決める際のもっとも基礎的な選択基準、いわば基本思想として実際に機能することをめざす経営を、理念経営と呼ぼう。

抽象度のかなり高い哲学や理念だから、選択の基本思想になるといっても、選択の自動仕分けができるようになるわけはない。それが、たとえば利益を大きくする経営というような基本方針との違いである。利益という数字を基本的な判断基準とすると決めれば、どんな行動も「生み出されると予想される利益額」の大小で完全に自動仕分け（順位づけ）ができる。あとは、その仕分け通りに、利益が大きい行動を選択すればいい。

しかし、理念経営では、自動仕分けはない。現場（あるいは経営者も）が最後の選択で悩むときに、経営理念を基本思想として考えるプロセスで使う、ということである。自動仕分けではなく、現場の「決断のために考える」というプロセスが加わる、という点が大切である。「経営理念に照らして、この行動は適切かどうか」と考えるのである。それは、現場が「考えさせられることになる」と言い換えてもいい。

たとえば、現場が自分たちの組織単位の仕事の分野での戦略の選択（経営システムの選択、あるいは人事の選択でもいい）をすることを想定して、理念経営が機能する実際のプロセスをより具体的にイメージしてみよう。もちろん、現場が最終決断の権限までは与えられていない場合も多いだろうが、選択すべき行動の上への提案は、当然に現場の義務であろう。それをイメージすればいい。

戦略の選択は、当然に市場環境の状態や自社の経営資源や能力といった「戦略を取り巻く要因」の全体像のなかでの総合判断として行われる。しかし、そうした「要因の全体像」から導かれる、現実に実行可能な代替案がたった一つの行動案になってしまう、ということは稀である。ふつうは、「要因の全体像」を考えることから実行可能な代替案の範囲が狭められるが、しかしまだ複数の案を含んでいるだろう。

その複数の代替案のなかから具体的に一つの案を選択する際に、経営理念に照らして選択する、という最後のステップがあるのが理念経営である。そのステップは、経営理念と矛盾しないか、あるいは経営理念をどれほど実現できるか、という最終チェックといってもいい。矛盾していると判断されればその代替案は選択されないし、選択可能な案のなかで経営理念に照らしてもっとふさわしい案は何かを考える、ということである。

あるいは、現場の仕事をどんなグループ分けで行うかという経営システム（仕事の仕組

み の枠)の選択の問題も、現場にはあるだろう。さらには、ある仕事を誰に託すのがいいか、という人事(人の枠)の選択も、現場にはあるだろう。そうしたさまざまな現場の選択を考えるステップの最後に、経営理念によるチェックが入る、というのが、理念経営の実際なのである。

さらにいえば、そもそもどんな代替案を考えるべきかという発想の段階で、経営理念がその発想を導くということもあるだろう。その場合も、経営理念と合っているということのチェックが現場が選択を考えるプロセスの大きな要因になっていることには、変わりはない。

私は、現場が「選択の際に考える」ことを強調しているが、それは現場に自律性がある、自律的判断の余地が与えられている、ということを明確に意識するために大切だからである。

現場が自らの選択を考える(あるいは考えさせられる)ということは、考える余地がある、行動の選択の自由があるということである。もちろん、組織の一員なのだから、完全な自由というのはむつかしいだろう。しかし、現場にある程度の自律性が与えられていなければ、理念経営はそもそも「定義的に」成立しない、という点は、強調する必要がある。その自律性が与えられているからこそ、考える余地があり、考えることを現場がいわば強制されてもいる。

そうした自律性を現場が持っていることは、現場の心理的エネルギーの重要な源泉でもある。他人の命令通りに動くことを強制されるよりも、多くの人はその自由に反応して、心理的エネルギーが高まる。そして、そうした自律性があるうえにさらに、企業理念や組織理念が「自分は正しいことをやっている」と自分の選択に自信を与えてくれるようなものであれば、ますます現場は意欲を持って動くようになるだろう。

それが、理念経営を多くの人に「それが可能なら、求めたい」と思わせる、もっとも基本的な理由であろう。現場にただ「命令通りに実行せよ」と言い渡すような経営には、理念経営を求めたいという気持ちは生まれないだろう。

しかし、理念経営を実現したいと思い、経営者や現場にとっての羅針盤をつくっても、その羅針盤が意図通りに機能するかどうかは、自明ではない。機能しない危険も、じつは大いにある。それが、理念経営の落とし穴にはまったときである。

大いに注意すべき問題である。最近、理念経営をしていると称することが流行のようになっている。その流れに乗ろうという程度の気持ちで理念経営を試みると、落とし穴にはまることになりそうだ。

典型的には、次の四つの落とし穴がある。次項から、それぞれ解説していこう。

・空疎な経営理念
・理念共有が個人の自由や多様性を侵す
・経営理念の劣化
・理念偏重で経営のバランスが崩れる

そして、落とし穴を避けるために必要だと思われる理念経営の基盤（あるいは前提条件）についても最後に触れたい。

空疎な経営理念

『悪魔の辞典』という本がある。一九世紀のアメリカのジャーナリストであるアンブローズ・ビアスがつくった辞典で、風刺のきいた言葉で有名である。そのビジネス版パロディとして、日本では山田英夫氏の『ビジネス版 悪魔の辞典』（日本経済新聞出版）がある。そこにある経営理念の定義は、「他社のものと代えても、誰も気がつかない」というものである。なるほどと思う人も多いだろう。

私のパロディとしての経営理念の「悪魔の定義」は、

「社長室の壁の額のなかにだけある、美辞麗句の集まり」

これなら、他社のものと代えても誰も気がつかないだろうから、山田氏の定義と矛盾しないだろう。

この私の定義の含意は、二つの「空疎さ」である。まず第一に、「額のなかだけ」とは、社長はもとより現場でも誰も気にかけていない、ということで、組織としてのコミットメントが空疎、ということである。第二の空疎さは、定義の後半部分の「美辞麗句の集まり」が意味している、言葉の空疎さである。言葉遊びになってしまっていて、内容が空疎、ということである。

この私の定義が、自社の経営理念に当てはまる危険を感じている読者も多いのではないかと想像する。では、なぜコミットメントが空疎なのに経営理念を語ろうとする企業が案外と多いのか。

一つには、昔からそういう額のなかの言葉があるから、とくにコミットを今はしていないが、間違っている気もしないからそのまま壁に掛けてある、という理由がありそうだ。

第二の理由は、世の流行に合うから、あるいはミッション、パーパスなどを語らないと格好が悪いから、という理由であろう。それは、なにも日本ばかりでなくアメリカでも似たような状況のようで、戦略論で有名なリチャード・P・ルメルトが近著『戦略の要諦』（日本経済新聞出版）でこんな皮肉を言っている。

「いわゆる根性ややる気を起こさせる方法として現在人気なのは、長持ちする有意義なパーパス、つまり目標を掲げることだ。……だがビジョン、ミッション等々と順繰りに「ステートメント」なるものを作成するのは単に時間の無駄である。……基本的な価値観についてあなたのコミットメントを輝かしいものにするのは、あなた自身の行動である。額に入れて飾ったステートメントではない」（『戦略の要諦』435ページ）

私があげた二つの理由のいずれにせよ、経営理念へのコミットメントがないから、経営理念をつくろうとする意図に真剣さがない。だから、経営理念の真の意義を信じていないのに、形ばかりをつくろうとする。その結果、形のよさげな言葉の空疎な集まり（美辞麗句）という文書ができあがる。それが、コミットメントの空疎さが、言葉の空疎さにつながるというケースである。

言葉の空疎さの第二のケースは、意図としては真剣でも、経営理念のつくり方に問題がある場合である。

最近、経営理念をつくりたがる企業が増えているが（ミッション、パーパスなど）、その形成の議論に組織のメンバーの参加を求めることが多いのも、少し注意を要すると私は思う。なぜなら、そうした試みの多くが、「形の整った」「美しい言葉で飾られた」文書をつくる流れを暗黙のうちにつくってしまっているように私には見えるからである。

しかも、多くの人の合議で、意見をまとめるという形でつくられることが多い。たしかに合議には、多様な意見が集まる、というよさもある。しかし他方で、意見を「まとめる」ために、「大きな言葉」「丸い言葉」で少しニュアンスの異なる意見をくくって反対が出ないようにするといったことが、起きやすい。また、言葉のつじつま合わせが起きやすい危険もある。

それが、理念としてパンチのあるものから遠ざかる傾向、美しい言葉で飾られてはいるが中身が空疎な経営理念をつい生んでしまう傾向、をもたらしている。

だから『ビジョナリー・カンパニー』でコリンズは、「火星派遣団」で基本理念を議論せよ、という。「火星派遣団」とは、人数はあまり多くなく、それだけ決死の任務をあえて引き受ける人たち、という意味であろう。自社のＤＮＡを深く持った人たちを集めよ、ともコリンズはいう。そこで激論を交わしてもらい、まとめるのではなく、自社のＤＮＡを突き詰めるという議論になれば、いい経営理念が生まれる可能性があるだろう。

理念共有が個人の自由や多様性を侵す

理念経営の第二の落とし穴は、経営理念の共有が個人の思考様式のかなりの共有化を必然的に意味するために、その共有化が個人の思考の自由や多様性を侵してしまって、かえって組織全体の心理的エネルギーが下がる、あるいは現場の思考が硬直的になる、というものである。

一方で、経営理念のメンバー間の共有は望ましい、という理念経営の考え方がある。しかし他方で、ごく自然な人間の心情として、個人の思考の自由を尊重したいという思いも多くの人が持っている。あるいは、個人の思考の多様性こそ、組織としての活力の源でもあるとかなりの人が考えている。

したがって、理念の共有と個人の思考の自由（と自由が生み出す思考の多様性）の間には、微妙な共存関係が必要となるのである。

その微妙な共存のバランスが崩れて、理念の共有が過度に自由や多様性を侵すようなことになったとき、二つの危険が生まれる。

第一は、経営理念の強調が「個人の自由をあまり許さない」と誤解され、それが「自由を束縛されている」というネガティブな受け取り方になる危険である。自由の束縛に反発する心情を持つ人は多いことから、組織のなかの彼らの行動にマイナスの影響を与えそうだ。

つまり、経営理念には深く関係しないような事柄についても、さまざまな経営行動に対する反発と白けの気分が生まれることがこわい。それゆえに、現場の心理的エネルギーが全般的に下がってしまう危険がある。

理念の共有が過度に自由や多様性を侵すようなことになったときに生まれる第二の危険は、現場の思考の硬直化である。思考があまりに理念依存の硬直的なものになって、現場の自律的な現実対応の動きが鈍ることである。

それは、理念を体現すると組織のなかで信じられている典型的な行動パターンばかりを、「深く考えずに」現場がとってしまうときに生まれるマイナスである。いわば、現場が理念依存になってしまって自律的な思考を放棄する危険である。そんな放棄をさせることなど経営側が考えていなくても、理念経営の強調がついつい引き起こしかねない現象である。

現場の思考が硬直化すると、環境変化などに適切に対応する行動を現場がとれなくなってしまう。そうなってしまうと、組織として望ましい成果はあがりにくくなるだろう。理念経営の強調の意図せざるマイナスである。

こうした二つの危険に対して、二つの配慮あるいは対策が必要となるだろう。

第一の配慮は、経営理念の育み方や浸透の努力のありようが、経営側から現場への理念の強引な押しつけにならないように配慮することである。現場の多くの人が納得するようなプロセスを考える、ということである。

理念浸透の大切な条件として、前章で五つの条件（言葉、トップの背中、共通体験、神話、語り合うこと）をあげたが、それらはすべて現場の納得性の確保のための条件であった。ただトップが自分の経営哲学を宣言する、それをみんなで共有しようと呼びかける、というような経営理念の育み方や浸透の努力では、大いに不十分であろう。

第二の、もっと根本的な対策としては、現場の自律性、行動の自由を保障し、強調することである。「あえて強調すべき」といってもいい。

私がこの章の冒頭で、理念を強調するということは、現場に考える自由が与えられているということ、考えることを要請していることと同じだと述べたが、まさにそうした意識を理念経営を主導する側が強く持つことが、現場の自律性と行動の自由の保障の原点として重要なのである。

同じ経営理念を共有し、しかし現場での行動には自由がある、均一性を要求しない。それが理念経営のもっとも望ましい姿だと思われる。そして、行動の自由を現場が持っているということは、現場に最後の判断を任せ、彼らの思考に自律性を求めているということである。その自律的な思考の結果として、多くの現場で結果として類似の行動がとられることになるのであれば、それはそれでいいのである。

現場の行動の自由と理念の共有との間の微妙な頃合いを、コリンズは「イデオロギーの管理と業務上の自主性の両立」というかなり激しい言葉で表現している。

コリンズは企業として持つべき「基本理念」を、Core Ideology という強い語感の言葉で表現している。そのイデオロギーを組織内で同一に保つようにする努力のことを、「イデオロギーの管理」と彼はいう。しかし、その管理が必要であると同時に、業務の自主性が同時に存在することがビジョナリー・カンパニーでは重要だ、というのである。

業務の自主性とは、この章での私の言葉では「現場の自律性、行動の自由」ということなのである。「管理と自主性」、一見矛盾に聞こえかねない二つのものの間の「バランスのとり方」に、理念経営の一つの真髄があるのである。

しかし、組織の経営に深くまだかかわらない若い世代にとっては、経営理念の強調は個人の自由の束縛と解釈されがちである。私自身、経営理念の大切さを強調する松下電器産業（現パナソニック）や出光興産の経営層の複数の方から、「入社当時は、理念の唱和を毎朝させられるのはいやでしょうがなかった」と正直な話をお聞きしたことがある（すでに第Ⅰ章でもこの松下電器の例を紹介した）。

しかし彼らも、なぜ経営理念の共有が大切かを組織人として理解するにつれ、理念共有の努力が、自由を束縛するために行われているのではなく、むしろ現場が目的意識を持って自由に動けるようになるために行われている、と理解するようになっていったという。

出光興産の経営理念の一部に、「一人ひとりが経営者」という言葉がある。それは、現場の自律性を強調し、自分が経営者になったつもりで現場で判断すべし、という理念である。

社会のために自分たちの仕事がある、というこの企業の企業理念の一方で、こうした組織理念があるということが、じつは現場の自律性の強調なのである。ヤマトの「ヤマトは我なり」という社是もまた、「一人ひとりが経営者」という言葉と同じメッセージを持っているのだろう。

松下電器と出光興産の人々の話に共通するのは、最初の「理念共有への抵抗感」を乗り越え、さらに深い理解に到達した後は、経営理念というものの大切さと現場にじつは自律性がかなりあることを身にしみて感じるようになったということである。

すでに紹介したように、グーグルのペイジは現場の自律的思考をきわめて重んじる人である。そこに、組織としてのエネルギーの源泉があるとすら考えているようだ。その彼が、「10の事実」というような組織理念の共有をめざすのは、個人の自律性（自由）と理念共有の共存を望んでいるということであろう。

私は個人の自由と理念共有の共存の微妙な関係を語ってはいるが、理念経営をめざす人は、最後の腹のくくり方として、「自社の経営理念にどうしても違和感があると思う人は、組織にいつづけることを強制すべきでない。辞めることがあっても仕方ない」という覚悟をするべきだろうと思う。実際、稲盛は、その著書でこうした趣旨のことをはっきり書いている。それは、自分と考えの合わない人を排除していると解釈すべきでなく、組織全体のことを思いつつ他人の自由をも尊重している態度、と理解すべきであろう。

経営理念の劣化

たとえいい経営理念が育まれ、その浸透に成功したとしても、劣化へのゆるやかな動きがどこかで始まるのがふつうである、と理解しておいた方がいい。劣化とは、経営理念の経営の基本思想としての機能が低下していく、という意味である。その劣化が放置されると、さまざまなマイナスが生まれる。それが理念経営の第三の落とし穴である。

理念劣化の第一の理由は、人の交代である。

まず、経営者というトップ自身の「人の交代」があるのは、ごく自然な現象である。その理由はさまざまにありうるが（加齢、エネルギー消耗、他の人生への転身などなど）、そもそも今の経営理念が育まれてきたプロセスで大きな役割を担った経営者（ベース哲学の提供、育みの旗振りなど）が交代すれば、ついつい劣化が始まることが多い。なぜか。

まず、交代後の新任経営者には、今の経営理念のベースとなっている（前任者の）経営哲学へのこだわりの理解がつい浅くなりがちになることが考えられる。他人の哲学なのだから、仕方がないのである。そのこだわりの少しの衰退が、経営理念浸透の努力のためにはマイナスになりかねない。

もう一つの経営者交代から生まれる理念劣化のきっかけは、前任者への新任者個人のプライドである。「自分なりの色を出したい」と新任者はつい思うことが多い。それが、理念の色を微妙に混じり気の多いものにし、それだけ解像度や鮮明度を下げるのである。それは、劣化ということにつながることが多いだろう。

トップの交代のみならず、組織のメンバーも時間の経過とともに交代があるのがつねであろう。その交代は、経営理念の浸透という観点から見れば、すでにかなり浸透したはずのメンバーから、まだ理念浸透の洗礼を受けていないメンバーに代わることを意味する。だから、組織全体としての理念の浸透度は、新メンバーへの理念浸透の努力をかなりの水準で続けない限り、自然に落ちていく。それは、理念経営にとっては経営理念劣化の一つの重要なケースである。

しかも、いったん経営理念が浸透した後では、新しいメンバーへの浸透の努力量がついつい小さくなってしまう危険がある。すでに浸透している古参のメンバーにとっては「当たり前」になっていることが、それを再確認し、再浸透させる努力の意識にはかえってマイナスに働いてしまうからである。

経営理念劣化の第二の理由は、人の思いの風化である。

メンバーの大幅交代がなくても、経営者が交代しなくても、時間の経過とともに、とくに何もしないと人間の記憶が薄れ、情熱がつい小さくなっていくことが、しばしば見られる。それが「風化」である。

たとえば、経営理念の背後にある「成功や失敗の神話」「伝説の人物」などの「歴史」の記憶は、時間の経過とともに、とくに対策を打たない限り薄れるのが当然でもあろう。企業理念の社会的意義への経営者の本当のコミットメントに心を高揚させたメンバーも、その高揚感を維持しつづけるのは案外と簡単ではないだろう。

人間の信じることが、その信じることを確認するプロセスを定期的に補強しないと風化するのは、宗教の世界でも見られる現象のようだ。だからこそ、多くの宗教で、毎日の礼拝、毎週の教会での行事など風化を防ぐ工夫がきめ細かく行われている。

以上のような経営理念劣化の動きに対して、理念経営をめざすならきちんとした対策を打つ必要がある。第一の理由（人の交代）への対策の基本は、経営理念「伝承」の努力である。人が交代しても、新しい人への伝承が行われるような努力である。そして第二の理由（風化）への対策の基本は、「理念浸透努力の継続」である。浸透努力を継続することによって、風化の進展を防ぐという対策である。

経営者交代の際の伝承の努力としては、新しい経営者の選択の際に、経営理念あるいは前任者の経営哲学への賛同と理解の程度を選択の大きな基準とすることが基本であろう。しかしそれでも、伝承が完全に行われる可能性が小さいことは、覚悟すべきである。なにせ、個人差があるのは当然だからである。

メンバー交代の際の伝承の努力とはすなわち、新しいメンバーへの理念浸透の努力である。したがって、風化防止のための理念浸透努力の継続が新しいメンバーに対しても行われることが、同時に理念伝承の努力になるだろう。

さまざまな理念浸透努力継続の手段のなかで、とくに風化防止を意識していると思われるのが、「毎日、朝会の場で各組織単位ごとに経営理念の唱和の習慣を持つ」というような定期的活動という風化防止手段である。あるいは、毎日でなくとも、たとえば一年に一回は経営理念にかかわる大きな社内イベントを開いて、経営理念をことさらに意識する機会を設けることもありそうだ。いずれも、経営理念にメンバーたちが直接に接する機会をあえてつくっているのである。

浸透努力継続のための手段の全体像は、前章の浸透の議論をした項で掲げた、五つの「大切」を思い起こせばいい。言葉、トップの背中、共通体験、神話、語り合うこと、である。そのすべてに配慮しつづけることが、風化防止には必要だろう。それは、簡単なことではない。だから、経営理念は風化しやすいのである。

この「五つの大切」のなかでもとくに風化防止に意義があると思われるのは、「理念を現場で語り合うことを大切にする」ことであろう。繰り返し語り合うことによって、言葉の意味を噛みしめ、共通体験がいわば擬似体験として生まれ、神話が語り継がれる。

理念浸透努力の継続には、その一つのバリエーションとして、理念進化の努力を入れてもいい。時代の流れとともに、組織のメンバーの意識も変わっていく。その変化する意識をきちんと受け止められるように、経営理念の進化を努力するのである。もちろん、理念の本質を変えることは危険だが。

こうして理念劣化への対策を議論してきたが、しかし最後は、理念経営、しかも同じ理念での理念経営の長期持続可能性は案外と低い、と腹をくくるべきかも知れない。劣化そのものは長期的な自然現象として受け止め、劣化が起きるまでに十分な経営としての意義があればそれでよし、と考えるのである。その時間スパンは、案外と長くできそうだ。だから、その間に組織として実りある活動ができればそれで十分、と考えるのである。

そして、現在の経営理念での理念経営にはいわば「賞味期限」があるかも知れないが、その期限が近づいたら、新しいタイプの理念で時代の流れに合った理念経営を次世代の経営者たちが興す。それを期待すればいい、と考えるのである。

理念偏重で経営のバランスが崩れる

理念への過剰依存で、思考停止になる、あるいは理念任せにして経営者や現場が自分の決断という仕事をきちんとしなくなる、という危険もじつはある。それで、経営のバランスが崩れる。それが、理念経営の第四の落とし穴である。

たとえば、戦略の決断の際に、その決断が理念の方向性と合わないのではないかと悩みはじめ、決断を遅らせる。ときには、別な戦略へと迷いはじめる。あるいは、決断を自分でしないで、「共有された理念」のもとに現場が行動を起こしてくれるのを待ってしまう。

さらには、理念優先で戦略を決めてしまい、戦略の経済的意義などの必要なチェックを軽んずる、という思考停止もあるかも知れない。

いずれの場合も、経営の思考停止が起きてしまって、遅れ、迷い、待つ、軽んずる、という間違った行動をとってしまう例である。比喩的にいえば、経営理念がまるで「水戸黄門の印籠」のようになってしまって、健全な経営思考をさまたげるという危険である。

「空疎な経営理念」の項で、戦略論の経営学者ルメルトが理念経営に批判的だという話を紹介したが、彼は思考停止に陥った経営者の例を本のなかで紹介している。彼は、まずこう書く。

「世の中では、『ビジョン』について語ることが大流行になっている。ビジョンを語る人にとって、戦略とは士気を高めモチベーションを上げるようなメッセージを発信することだと捉えられている」（『戦略の要諦』179ページ）

そして、「ある会社の経営チームが何週間もかかってビジョンステートメント、ミッションステートメント、戦略ステートメントを練り上げた」と書いて、そのステートメントを紹介した後、現場の人たちがそのステートメントを読めば「自分たちが何をすればいいか知るから、それをするはずだ」と言ってのけるその会社のCEOを登場させる。

いくつかのやりとりを紹介した後の、彼の断罪はきびしい。こう書いている。

「（ＣＥＯは）ＣＥＯとしての権限の行使を嫌がっている。ここに最大の問題があった。要するに彼女は、誰かにあれをやれこれをやれと直接言いたくないのである。……彼女が望んでいるのは社員を鼓舞するような見てくれのよい『戦略ステートメント』を掲げることであって、戦略を打ち出すことではないらしい」（『戦略の要諦』１８２ページ）

この情けない経営者は、自分の責任で戦略の決断をできない人として描かれている。そんな「意気地のない」経営者が、ビジョン、ミッション、それに見合った現場の実行、という絵空事を「ステートメント」として書き、本当に必要な戦略的な資源配分に踏み込まない。それが、ルメルトの断罪の本質であり、私も賛成する。

そして、似たような例が日本でも案外と多そうだ、というのが私の現場観察である。理念経営が、経営での本当の決断をしないことへの隠れみのに使われている。それは、「水戸黄門の印籠」の悪用というべきであろう。

それでは、経営のバランスが崩れる。第Ⅱ章で「経営の全体像」を描いた際に、経営理念という「思考の枠」を経営のための枠づくりの際の一つの重要な枠として紹介したが、同時に戦略や経営システムという枠を決めるのが経営の設計の決断だとも紹介した。

そうした戦略という「事業の枠」、経営システムという「仕事の仕組みの枠」、さらには人事という「人の枠」。そうした枠をどう設定するかの決断は、きわめて大切な経営者の決断の変数なのである。その決断の責任を放ったらかして、経営理念にその働きを押しつけるのは、まったくの責任放棄である。

放棄しないまでも、戦略や経営システムが経営全体に与える影響力を軽視して、経営理念に偏重あるいは過度に依存するのでは、経営全体を設計するバランスが崩れてしまう。それは望ましくないだろう。理念経営を重視することと、理念偏重になってしまうことは違うのである。

ただし私は、ルメルトほどの徹底的批判を理念経営に対して持っているわけではない。それは、私がわざわざ経営理念の本を書いているのだから、自明でもあろう。彼のように、バリュー、ミッションのステートメントがまったく無意味で時間の無駄だとは思っていない。むしろ、経営理念を大切にして、それと戦略や経営システムあるいは人事の決断との「一貫性」を求めようとすることはきわめて重要である、と考える立場である。

それは、理念という思考の枠と事業や仕事の仕組みの枠との間の一貫性が欠ければ、経営全体に内部矛盾を抱えることになってしまい、結局は現場が混乱してしまうからである。

経営のさまざまな枠の決断が、経営理念を基本思想として行われる、そこで一貫性が生まれる、というのが、理念経営の姿なのである。

しかし、理念経営への思いが、ときに「言い訳」っぽく、理念への過度依存につながる危険も理解できる。個人の自由と理念共有の間の微妙な関係と類似の、経営の全体像のなかの一貫性と理念依存の間の、微妙な関係がここにもある。

理念経営の基盤

前項までで説明したような理念経営の落とし穴に落ちることを避け、さらには落とし穴以前にそもそも理念経営を推進できるように、組織に必要とされる「理念経営の基盤」を最後に議論しておこう。それは、次の三つである。

・経営者の経営哲学
・自律的思考の重視
・本質的思考の重視

理念経営の第一の基盤は、経営者自身の経営哲学である。

これが理念経営の出発点であり、推進力の源でもある。自分の経営哲学を経営理念として組織に押しつけるのは望ましくないが、しかし自分の経営哲学をきちんと持たない経営者のもとで経営理念の強調を組織のメンバーが本気で受け入れるとも思えない。

そして、空疎な経営理念の背後の原因の一つであるコミットメント不足にも、しっかりした経営哲学の存在は大きな意味を持つであろう。本気で自分の哲学を持ち、それを経営理念の一部にしようと考えている経営者だけが、経営理念にコミットできる。

しかし経営哲学を強固に持つ経営者は、ときとしてそれを組織のメンバーに押しつけがちになることがある。それでは、現場が「自らのコミットメント」で理念経営を実行することにはならないだろう。

そうした押しつけを防ぐためにも、理念の浸透の際に強調した「みんなで経営理念を語り合う場」がひんぱんに設けられることの意義は大きいだろう。その場で、経営者の経営哲学をベースに自分たちにフィットする経営理念を自分の頭で考えるという形で、組織のメンバーたちが理念形成プロセスに参加するようにできれば、理念経営が本物になる推進力になるだろう。

つまり、「経営理念を語り合う場」は、押しつけを防ぐ意味でも、理念共有を推進する意味でも、経営者の経営哲学の存在という理念経営の基盤を補強するものとして、重要な意義を持つのである。

理念経営の第二の基盤は、自律的思考の重視というスタンスを組織全体が持つことである。

これが、理念経営が機能するもっとも基礎的な基盤かも知れない。現場が自律的に判断するような組織であるからこそ、理念を共有することに意味がある。共有した理念が自律的判断の共通方針になってくれることが、理念共有がもたらすメリットなのである。現場の自律的思考が尊重されずに「上意下達」だけで動く組織であれば、そもそも理念共有があろうがなかろうが、現場の動きに関係ないのである。

そして、第二の落とし穴として前述した、個人の自由や多様性と理念共有の微妙な関係は、自律的判断が基礎という理解が組織のなかに広まれば、大きく解消するであろう。

さらに、理念偏重で経営のバランスが崩れそうになるという落とし穴に対しても、そんなバランスが崩れるような理念過剰依存が生まれた場合に、それを現場の自律的判断が修正する、ということが可能になるだろう。いわば、現場による訂正という、理念を印籠のようにかざす経営者にとっては情けないこと、しかし組織にとってはいいことが起きる可能性が十分あるのである。

そうした現場の自律的思考は、事柄の本質を考えるような思考であって欲しい。それが、理念経営の第三の基盤である、「本質的思考の重視」ということである。

本質的思考とは、ものごとの本質、つまり道理をきちんと考える思考である。経営哲学の章で説明したように、「人間という生き物の道理」「世間というものの道理」「自然と技術の道理」を現場の人たちもできる範囲で考えようとするスタンスが、道理をきちんと考える思考である。

そうしたスタンスを持つ人が現場に多いとはじめて、経営理念に人々が共鳴してくれる。なぜなら、理念に共鳴できる人は、ある程度の理念的思考、抽象的思考を尊重する価値観と思考力があるからである。そういう人たちが、理念を理解し、それをわがこととして自分の判断指針にできるのである。

言い換えれば、ものごとの本質をやや抽象的にでも突き詰めようとする思考回路を多くの人がかなりの程度共有している、ということである。それは、べつに高級でも深遠でもなくていい。たとえば、トヨタ自動車の現場でよく言われているという、「なぜを五回繰り返す」というような本質を掘り下げるような思考回路であればいい。

そうした本質を考えようとする人が多ければ、その組織は美しい言葉にまどわされることが少なくなる。本質を見る眼が、美辞麗句の空疎さを敏感に見抜くからである。だから、空疎な経営理念という落とし穴に落ちにくくなるだろう。

さらに、自律的思考と本質的思考をする傾向を現場の人の多くが持つようになれば、それは組織の思考力を鍛えるような効果も期待できて、現場の思考が硬直化する危険は小さくなるだろう。思考力が鍛えられた組織ではもちろん、経営理念の劣化という落とし穴にも落ちにくくなるだろう。思考力が劣化を防ぐからである。

さらには、理念偏重で経営のバランスが崩れるという落とし穴に対しても、本質的思考の重視というスタンスは防波堤になるだろう。経営のバランスが崩れると、組織のなかのどこかで矛盾や摩擦が実際に露呈する。本質的思考の人が多ければ、そうした矛盾や摩擦に気がつきやすいだろうし（道理に合わないことが起きるのだから）、またすぐバランス回復への動きを現場がとるようになるだろう。

こうして三つの基盤は、理念経営の四つの落とし穴への防波堤になりうることが理解できるであろう。

そして、逆にいえば、こうした三つの基盤のない組織が流行にまどわされて理念経営をしようと乗り出したとしても、それは空疎な経営理念を生み、現場では自由や多様性が許されていないという反発が起き、理念偏重で経営のバランスが崩れる、そんな危険が大きいことを理解できるであろう。そういう組織では、もとより経営理念の劣化は起きようもない。そもそも経営理念が機能することはないからである。

三つの基盤をきちんと整備するという発想がない組織は、理念経営を求めない方がいい。その基盤なしには、そもそもきちんとした理念経営を実現できず、たとえ少しは理念経営になりかかったとしても落とし穴にはまりがちになるからである。

理念経営とは、そうした意味で、経営する側にきびしい覚悟が必要な経営なのである。

Ⅵ

経営理念を育むプロセスの設計

経営理念が
現場の心に
火をつける

育みプロセスの設計とは

第Ⅳ章で私は、経営理念は育まれて、生まれてくるもの、と述べた。その部分を再掲すれば、以下の通りである。

「経営者個人の経営哲学が生まれてくるプロセスを私は前章で、『育む』と表現した。組織の現場のためにある経営理念でも、それが生まれてくるプロセスは『育む』と表現するのが適切だと思う。

経営理念は誰かが独断で突然に『制定して、組織に押しつける』ものではなく、またみんなでつくろうと組織のメンバーだけで議論を重ねてその結論として生まれてくるものでもなさそうだ。土のなかに大きな樹が根を張るように、周囲の土壌の環境のなかで自然に、しかし多少のコントロールをしながら、生まれ、浸透してくるものであろう。

この本で扱っている六社を考えても、経営理念は、その組織の歴史のなかで、さまざまなできごとの積み重なりとそのできごとへの人々の反応のなかから、なかば自然に、なかば人為の手（経営者からの大きな影響）が育みプロセスに加わりながら、その結果として生まれ、浸透してきたものであろう。それが、現場に根をおろした経営理念の姿である」

もちろん、私が言いたいことは、理念が生まれるのは自然に任せればいいということではない。理念経営をめざそうとするなら、その理念の「育みプロセス」の大枠を経営者は設計しなければならない。その大枠の設計図のなかでさまざまなできごとや現場とのキャッチボールがかなり自然発生的に生まれ、それらの総合の結果から真に機能する（つまり現場に根をおろした）経営理念が「蒸留される」と考えればよい。それが、本書で取り上げた六社で起きた、実際に経営理念が生まれ、浸透してくるまでのプロセスなのである（これについては、次々項でさらに解説する）。

その蒸留役、あるいは理念としての抽象化プロセスを中心的に担うのは、経営者自身あるいはその人を中心とするチームであろう。そこでの経営者の役割はきわめて大きいのが通常であろうが、その役割は「あらかじめ自分が考えた経営哲学をただ組織に押しつける」というものでは決してない。組織が納得できるようなプロセスが「育みプロセス」の大枠設計のなかに組み込まれていなければ、現場が「わがこととする」ような経営理念はとても生まれないであろう。

育みプロセスの「大枠設計」とは、次の三つの設計変数のあり方を決めることだと思えばよい。

1. 経営者のかかわり方
2. 組織のメンバーの参加のあり方
3. 育まれるべき経営理念と現実との距離感

経営者のかかわり方とは、すでに第Ⅳ章で説明した経営理念の育みプロセスでの経営者の三つの役割のバランスのことである。

・経営理念のベースになる哲学の提供者
・経営理念の育みプロセスの旗振り役
・経営理念に魂を吹き込む役

「ベースになる哲学の提供者」という役割を中心に置くかどうかは、組織のメンバーの参加のあり方とも関係する重大な設計事項である。

自分に強い信念と哲学がすでにあり、かつそれを組織のメンバーにも共有して欲しいという思いの強い経営者は、「ベース哲学の提供者」という役割を中心に考えることになるだろう。その場合、育みプロセスの旗振り役とはおもに「メンバーとの議論」と「浸透」の旗振り役、ということになるだろう。

しかし、組織のメンバーから選抜したチームとの議論で経営理念をつくろうとして、そのプロセスに自分の経営哲学をインプットの一つとして提供する、という「ベース哲学の提供者」という役割設定も経営者の個性によってはありうる。その場合、「旗振り役」としての中心的役割は、選抜チームのメンバー選定や議論の仕方そのものの設定への関与ということになるだろう。

「ベース哲学の提供者」としてどちらの役割を選んでも、経営理念に魂を吹き込む役割は経営者が中心になって担う必要がある。そうしてトップの本気度を背中で見せなければ、組織全体が経営理念にコミットしてくれる、わがことと思ってくれる、その可能性は小さくなってしまうからである。

第一の設計変数（経営者のかかわり方）を決めれば、第二の設計変数（組織のメンバーの参加のあり方）はかなり自動的に決まってくる部分があるだろう。しかしそれでも、メンバーの参加のあり方の設定にはまだ自由度があるし、そもそもメンバーの参加のあり方を決めるプロセスそのものを経営者が中心となって設計する場合と経営幹部などの主要メンバーとの協議を基本とする、という設計がありうるだろう。

メンバーの参加のあり方の設計でのもう一つの中心設計変数は、参加の幅（参加メンバーの数、階層、世代など）と参加の頻度の決定であろう。ここでは、とくに論理的な正解があるわけではなさそうで、経営者の個性と組織のそのときの状況に応じて、最適な設計を考えればよい。ただ、参加者を多くすればいいのではない、という警告だけは必要だろう。

第V章で紹介したコリンズのいう「火星派遣団」という発想は、そうした設計の一つの例である。人数は絞り、しかも組織のDNAを熟知した人を中心に、というメンバーの参加のあり方は、ある程度の歴史を経た企業ではかなり一般的で適切なメンバー参加のあり方であろう。

しかし、創業間もない企業では、まだ組織のDNA自体が形成されていない可能性があり、もう少し異なった発想が必要かも知れない。たとえば、「個性的でDNA形成そのものに参加できそうなメンバー」を「火星派遣団」の一員とする、という発想である。

メンバーの参加のあり方を考える際に大切なのは、参加の意義を「いい経営理念が生まれる」ことだけに絞らないことである。もちろん、いい経営理念を生むことにメンバー参加の意義の最大の部分があることはたしかなのだが、それ以外の意義もある。それについては、次項であらためて議論しよう。

さて、育みプロセスの大枠設計の第三の設計変数は、育まれるべき経営理念と現実との距離感である。いわば、現状からどの程度のジャンプをすることを目標にして、経営理念を育もうとするか、ということである。

たとえば、現実とは遠いけど理想の状態をめざすという「きわめて大きなジャンプ」を目標とするという設計もありうるし、あるいは現実は停滞している企業をかなり活性化された状態にすることをめざすという、小さなジャンプという現実的な距離感の設定もありうる。

あえて三つのタイプのありうる距離感の典型を、現状からの距離の短い方から考えると、次の三つになるだろう。

- 組織活性化
- 大きな飛躍
- 理想の姿

この距離感の設定次第で、どのようなタイプの経営理念の「表現」にするのか、育みと浸透にどれほどの組織的エネルギーを注ぐか、というような具体的なプロセスのあり方が決まってくるだろう。

ここでも、一律的な正解はありそうにない。経営者の個性や企業の歴史、あるいは組織メンバーの特徴や企業の置かれた現状などに応じて考えるしかない。その際、現実と理想を「適切にミックスして考える」ことが望ましいという一般論はいえるだろうが、企業の置かれた状況のタイプによって適切な距離感は異なるだろう。

これについては章の後半で、創業期の企業、成功を経験してさらなる発展をめざす企業、歴史を背負いつつ新たに理念経営に挑む企業、という三つの典型的状況での育みプロセス設計を議論する際に、さらにくわしく考えよう。

組織メンバーの理念形成への参加の意義

組織のメンバーが理念形成の議論に参加するといっても、すべてのメンバーが参加することはよほど小さな組織でない限り、ありえないだろう。議論の効率化のためのメンバー数の限定も必要だし、あまりに多様なインプットが入ることによる理念取りまとめプロセスのむつかしさも考えなければならないからである。

しかし、メンバーが理念形成に参加することによって、非参加者にも意義が生まれることが十分にありうるので、以下では、参加者本人への意義と非参加者への意義に分けて考えよう。

まず当然強調しなければならないのは、メンバーの参加によって、彼らの思いが理念にインプットされるようになり、そのことで、できあがる経営理念が組織にとって意味の大きいいわば良質な理念につながりやすい、という意義である。これは、参加者・非参加者を問わず、組織全体へのメリットである。

インプットされるべき思いとは、大別して二つのものがあるだろう。一つは、参加者個人の価値観である。そこから生まれる、企業がめざすべき姿のありようであり、組織運営の望ましい姿である。その両方についての参加者の意見は、その人の価値観を反映するもので、そうしたインプットがあることで最終的に生まれてくる企業理念や組織理念がメンバーの価値観をかなり反映したものになることが、期待される。

第二の種類のインプットは、その組織の歴史のなかの重大なできごと（成長のきっかけ、危機的状況、あるいはめざましい成長がもたらす現場のドタバタなど）についてのメンバーの共通体験、あるいは共通体験がもたらした教訓としてのＤＮＡ候補である。

そうした共通体験あるいはＤＮＡ候補のインプットが、経営者のみならず組織のメンバーからも集まることが、育まれてくる経営理念への納得感を高めることになり、経営理念の浸透への助けになるだろう。

ただし、メンバーの思いが込められるという意義が実現できるためには、理念形成までの議論プロセスで、たんなる「意見を丸くまとめる」とか「強烈な表現の回避」といったような「合意プロセス」で一般的に生まれがちなマイナスを、きちんと回避する努力がとられることが大前提である。育みプロセスの旗振り役としての経営者の役割が、ここでは大きそうだ。

さらに、メンバーが理念形成プロセスに参加すること自体が生み出す、参加者本人あるいは非参加者への意義として、次の三つのものがありうる。

第一の意義は、参加者本人への意義。参加者が自分の思いを経営理念にインプットできることが、参加者の参加意欲の高まりをもたらし、それが自分の思いをより良質な形で強力にインプットするようになる、というモチベーション効果である。インプットすること自体がもたらす育みプロセスの活性化といえようか。

第二の意義は、理念浸透への意義。参加者本人にとっては、できあがる経営理念をわがことと思う可能性も高まるだろう。自分のインプットが入っているからである。

さらに、非参加者にとっても、現場のメンバーが誰か参加しているということ自体が、できあがる経営理念への肯定感につながりうる。もちろん、浸透プロセス自体もかなりきちんと設計されないと深い浸透は起きないだろうが、そもそも自分たちの仲間が参加していると思えると、参加者本人以外にも浸透力が増す効果がありうるのである。

第三の意義は、多少意外に聞こえるかも知れないが、組織の全体的現状についての参加者の認識が深まる、という効果。経営理念として何が望ましいかという議論は、自分の組織が置かれた現状の認識を無視して行えないのは、当然である。それゆえに、経営理念の議論への参加は、参加者が組織の現状を深く考える機会になる。あるいは、そうした機会になるように議論のプロセスを設計した方がいい。

その機会が、参加者の現状認識を深める。深い現状認識は、生まれる理念の質が高まる、という効果があるにとどまらず理念以外のさまざまな現場での思考のために大きな意義を持つ。たとえば、どんな戦略をとらなければならないか、どんな人材が求められているか、自分たちは何をしなければならないか、という思考であり、判断のベースが共有されるのである。

つまり、理念形成チームの参加者という組織の中核メンバーの間で、現状認識が深まり、かつその認識が共有されることによって、組織の「意味ある協働」へのインパクトが生まれる、と言い換えてもいい。この意義は、じつは大きい。だからこそ、多くの理念形成についての本で幅広い組織のメンバーの参加が奨励されるのではないか、と私は考えている。極端生まれる経営理念の質や浸透よりも、現状認識プロセスの促進という意義である。

にいえば、できあがる経営理念自体が大きな意義を持たなくても、この現状認識の深化の効果だけでも経営理念形成プロジェクトには意味があった、と思えるような事例を私は観察したことがある。

以上のように私はメンバーの参加の意義を語っているが、しかし、経営者の参画のほとんどない理念育みのプロセス（メンバー中心のプロセス）でもいい、と考えているわけではない。前項で述べた経営者の三つの役割はきわめて大切で、それがまずきちんとあるという前提のうえで、さらに組織のメンバーの参加があることの望ましさを語っているのである。

六社の事例から学ぶ

この項では、この本で取り上げている六社の経営理念の育みプロセスの共通項を、三つの設計変数を中心に分析してみよう。成功している経営理念の育み事例から学ぼう、ということである。

第一の設計変数である「経営者のかかわり方」としては、彼らは積極的に関与している。彼らはすべて創業者で（小倉は宅急便の創業者）、自分の経営哲学を経営理念のベースとして提供している。

彼らの経営哲学そのものは、創業後間もない時期に、成功と大きなできごとの重なりのなかで育まれてきたものと思われる。

本田の場合は、オートバイでの成功があり、しかしその後の製品開発の失敗で倒産の危機にすら見舞われた。だが本田は、その危機のなかで世界的レースへの参戦を宣言する。

小倉の場合も、宅急便創業後間もなく、大きな成功を獲得するが、スキー宅急便事件も経験する。さらには、監督官庁との公開ケンカすら、宅急便の全国化のためにやっている。

ペイジの場合は、大きな成功が続き、とくに事業上の大きな失敗はないが、株式上場の際に創業者による経営権確保のための取引所との闘いがあった。稲盛は、創業時の成功の直後に、従業員の反乱に遭い、そこから自分の経営哲学を深く考えさせられた。

ベゾスの場合も、急成長でのドタバタを現場で経験して、しかし事業を軌道に乗せた頃に、ITバブル崩壊というミニ危機に遭遇している。ここで彼が踏ん張って自分の戦略を変えなかったことが、その後の大きな成長の礎になった。自分の経営哲学の正しさを主張し切った、とでも言おうか。

松下の場合、自分の経営哲学や企業としての経営理念に目覚めるのは、創業後十数年後ではあったが、その伸び悩みの時期に宗教団体の本部でのできごとが彼の目を開かせた。

こうして、創業から間もない時期に成功とつまずきと闘いを経験した経営者が、その成功の原理を自分なりに抽象化して、自分の経営哲学として育んだのだと思われる。そしてさらに、それを現場のための経営理念のベースとして組織に提供もしている。

それが、組織としての経営理念育みのための彼らの積極的な発信となっている。しかも、そうした内部への発信を社内報や社内の会議という社内の機会を捉えて行っているが、面白いのは外部への「自分の哲学にもとづいた行動」という形での発信も行っていることである。それは、外部へ自分の哲学を伝えたいというよりは、外部発信を経由して内部へその発信内容が届くことが最終的な狙い、というものだったのだろう。

そのいい例が、ペイジやベゾスの株主への手紙であり、松下や稲盛の本の出版である。さらに面白い例が、小倉の監督官庁との公開ケンカである。

第二の設計変数である「組織のメンバーの参加のあり方」については、六人の経営者は理念形成プロジェクトを公式につくってメンバーの議論を求める、という形の参加プロセスはとっていない。

それよりも、仕事のうえでのメンバーとの密なコミュニケーションのなかで、いわば自然発生的にメンバーと理念のあり方についてのキャッチボールを行っていたと思われる。

さらに、「いつの間にか仕事のプロセスを通じてメンバーが理念の育みに参加している」とでも表現すべき、現場に土着した育みプロセスが機能しているのが、六社に共通する特徴である。

それは、経営者個人の経営哲学の育みプロセスに貢献したとして先に紹介した、創業間もない頃のかなりの成功と大きなできごとの重なりである。それはすべて現場の仕事のなかで起きたもので、経営者だけが経験しているのではなく、組織の主要メンバーたちも体験を共有しているものである。

そうした「強烈な体験」、成功もドタバタも、ときには失敗もある「体験の集合体」は、人にものを考えさせる。たとえば、なぜ成功できたのか、なぜドタバタが起きるのか、そして一部のドタバタがなぜ失敗につながるのか、という思考である。経営者ももちろん考えさせられて、その体験からの抽象化で彼らの個人としての経営哲学が育まれていく。しかし、その共通体験の集合体は、組織のメンバーにもものを考えさせるだろう。

そして、それらの体験の意味について、経営者とメンバーとの議論やコミュニケーションが仕事の場で交わされるのも、自然なことである。そこから、自分たちがめざすべき理念についてのアイデア共有がかなり自然に生まれる。そのプロセスは、理念形成への組織のメンバーの間接的参加（理念形成を目的とした参加ではない、仕事のプロセスの共有という意味での「間接的」）といってもいいだろう。この共通体験がもたらす理念育みへの貢献については、次項でさらにくわしく解説したい。

そして、理念育みプロセスに一つの終止符が打たれる段階として、経営理念を表現する体系的な文書の作成がある。この段階では、組織の中核メンバーがその作業を担うという形でメンバーの参加が大きくなることがしばしばある。

たとえば、ホンダの経営理念の「まとめ」プロセスは、一度は一九五六年一月の社内報に掲載された「社是」と「わが社の運営方針」として結実した。そのまとめを中心的に担ったのは、三代目社長となる久米是志をはじめとする、当時の中堅幹部だった。のちに、これがさらに改訂されて現在まで使われている「Hondaフィロソフィー」（第Ⅰ章で紹介）という形をとる。そのまとめプロセスは、四代目社長の川本信彦を中心に、九一年の本田の死の直後に行われたのである。まとめの主な材料は、本田が残したさまざまな発言であった。

ヤマトの場合は、自分の会長退任に合わせて、社内のプロジェクトとして経営理念のまとめの文書をつくりあげるプロセスが始まった。小倉自身の積極的指示はなかったようだが、当時の経営幹部たちは小倉の退任後のために、経営理念を成文化する必要性を感じていた。その成文化の材料は、すでに社内報などに小倉自身が山ほど残していた。

こうした理念の正式な文書化プロセスが組織メンバー中心で行われるのは、おそらく理念浸透あるいは理念伝承のため、という目的もあるのだろう。

第三の設計変数である「育まれるべき経営理念と現実との距離感」については、かなり大きな飛躍から理想の姿まで、六社は各社各様である。しかし、非現実的な理想論はない。また、大上段に振りかぶった社会的使命論ではなく、地に足が着いた社会的意義の強調が距離感の共通項になっている。

なぜ、いい経営理念が短期間で生まれたか

六社の理念育みに共通するのは、いい経営理念が創業後の短期間に育まれていることである。ただし、それは「創業後の短期間」とそっけなく表現すべきではないかも知れない。「大きな成功、ドタバタ、大きなできごとの集中発生」の後の短期間、というべきだろう。

その「短期間で育まれた」ことの背景には、経営理念のベースとして提供された経営者個人の経営哲学が発信力の強いものだったということもあるだろうが、しかし、圧倒的なできごとの積み重なりがもたらす、経営者と主要な組織メンバーが共通に体験するものの強烈さが最大の理由だ、と私は考える。

つまり、組織の内外で起きるできごとの積み重なりが、かなり巨大でしかもユニークかつ強烈なもので、それを経営者と組織の主要メンバーが共通に体験しているとき、いい経営理念がかなり短期間に生まれやすい。それが、六社に共通している。

その共通体験が経営理念への抽象化のおもな材料となるから、生まれる経営理念への現場の納得性と経営者の確信が、ともに大きいのである。だから、すんなりと経営理念として落ち着く。

そのできごとの強烈な、あるいは厚い積み重なりは、次のような二つのタイプの「論理」あるいは「道理」を経営者と組織のメンバーに共通に感じさせることになるだろう。それゆえに、そうした「道理」をベースにした経営理念の育みに貢献するのである。

第一のタイプの論理は、「何が大切か」という論理である。できごとの集積のなかに、成功もあれば、ドタバタも失敗もある。そうした、成功・不成功の大量の経験、それも短期間に組織として経験することが、「成功には何が大切か」の共通理解を経営者と組織のメンバーにもたらす。それが、「何が大切か」の論理である。その具体的経験をより抽象化して、そこから経営理念へと昇華させていくのである。

たとえば、グーグルの「10の事実」のなかの、顧客でなくユーザーを最優先するという理念は、「何が大切か」の論理のいい例である。あるいは、アマゾンの「顧客にとことんこだわる」あるいは「大きく考える」も、この論理のいい例である。

あるいは小倉は、宅急便の成功を経験して、会社の目的は利益をあげることではなくお客様を喜ばせることだ、と感じた。お客様は喜んだからこそ、利益というご褒美をくださった、と考えるのである。その思考は、「社会的インフラとしての宅急便」ということが大切なのだ、と小倉に思わせ、またヤマトの組織のメンバーもそれを実感しただろう。

こうして各社で彼らは、現実に起きたことから、何が大切かの論理の重要さを強く感じ、それを理念化したくなった。

強烈なできごとの集積が経営者と組織のメンバーに共通に考えさせた第二のタイプの論理は、「事の展開の論理」である。こうすればこうなる、その後はこう展開する、という時間経過をともなった、いわば歴史的なストーリーである。「何が大切か」の論理だけでなく、どのようにできごとがつながる、時間的に展開されていくと、事が大きく動いていくか、という論理も重要なのである。

そのいい例が、ヤマトの「サービスが先、利益は後」という理念である。まさに、サービスをまず優先して徹底すると、それによって顧客の満足が大きくなり、じつは企業としての評判が上がっていく。それで需要が増えてきて、結果として利益が大きくなる。そういう「事の展開の論理」を、この理念は語っているのである。ただ「サービスが大切だ」ということを強調しているだけではない。

あるいは、ホンダの「レースの場が高速学習の場になる」という展開の論理もいい例だし、グーグルの「ユーザーに焦点を絞れば、他のものはみな後からついてくる」という理念にも、「みな後からついてくる」という展開の論理が込められている。

つまり、「大切な要因」とその「展開のストーリー」。こうした二つのものの重要さを、短期間の大きなできごとの積み重なりが経営者と組織のメンバーに経験させる。その共通体験から抽象化して、その成功の論理を明文化して自分たちの財産としたい、と組織の誰かが考えて（多くの場合は経営者であろう）、経営理念を本格的に「表現として成文化する」という理念育みの動きが、自然に生まれてくると思われる。最初から理念を持とうと意識して理念育みのプロセスが始動する、というのではないのである。

この抽象化プロセスには、育みプロセスの旗振り役の個性が反映されるだろう。多くの場合、旗振り役は経営者自身なので、彼らの「抽象化の方向性」についての個性が反映されて、経営理念が育まれることになる。

小倉は、論理の積み重ね、事実の積み重ねを重んじた。稲盛は、より理念的な思考と自分の哲学の強調を重んじた。ペイジは、自律的に現場の人々が考えることを重んじた。ベゾスは、飛躍的な発想、行動から考えさせる、ということを重んじた。

そうした彼らの個性を反映して、できごとの積み重なりからの抽象化の方向が生まれ、そこから経営理念が育まれてきているのである。

こうして経営者の個性が、そもそもの経営哲学の萌芽も提供し、さらには組織の共通体験を経営理念へと昇華するプロセスをも方向づけている。それが、六社の共通パターンだが、その部分だけでなく、経営者の理念育みへの関与のあり方をも考えると、この章で私は、次のような「理念経営成功への道」の一つの標準的パターンの仮説を提示していることになる。

経営者の個性、個人的体験
↓
経営哲学の萌芽
↓
強烈なできごとの積み重なり
↓
経営者とメンバーの間の、
大きな共通体験
↓
そこからの経営理念への昇華
↓
経営理念の浸透
↓
現場の心に火がつく
↓
多くのメンバーの行動変容と
心理的エネルギー

このパターンだけが理念経営が成功する唯一の道だとまでは言わないが、おそらく多くの理念経営の成功の背後で、このパターンのさまざまなバリエーションが機能していたのだろうとは、想像できる。

しかし、このパターンで大きな鍵要因となっている「強烈なできごとの積み重なり」という歴史があまりない企業（たとえば、創業直後の企業あるいは長期に停滞気味の企業）が経営理念を育もうと考えたときには、この「共通体験の少なさ」をどう補えばいいのか。それを明示的に考えることは、さまざまなタイプの企業での経営理念の育みプロセスを設計する際には、一つの大きな鍵となるだろう。

以下の項では、それに留意して、三つのタイプの企業の育みプロセスの設計を考えよう。

創業期の企業では

創業期の企業では、当然の話だが、創業者がリーダーとして存在し、かつ企業としての活動実績が少ない。この二つの状況が、適切な理念育みプロセスの設計に大きな影響を与える。もちろん、創業者が経営理念を基本思想とする理念経営をめざさないという場合には、そもそも育みプロセスの設計などは問題にならないが。

理念経営をめざす創業者の場合、その人が経営者の一般的な三つの役割（ベース哲学の提供、育みの旗振り、魂の吹き込み）のいずれでも中心的な役割を果たすのが自然であろう。

とくに、自分の経営哲学を前面に押し出すことになるのがふつうである。ホンダやアマゾンの創業期には、本田やベゾスの経営哲学が企業を引っ張る大きな原動力だったのが、そのわかりやすい例である。第I章で解説した本田の「三つの喜び」が発表されたのは、ホンダという企業の発足後わずか三年後であった。またベゾスが株主への手紙で自分の哲学を発信しはじめたのは、株式上場と同時で、それは創業から三年後だった。

しかし、自分の経営哲学のたんなる押しつけにならないように育みプロセスを設計するのが、そうした創業者が心がけるべきことである。そのためには、これから歴史をともに築いていく創業時メンバーと組織としての経営理念についてのひんぱんな対話のプロセスを持つことによって、彼らが経営者の哲学をベースにした経営理念を受け入れられるように工夫することが重要だろう。

その工夫は、「理念形成プロジェクトへのメンバーの参加」と表現されるような形でないことが多いだろう。むしろ、仕事や会議の場で創業者が自分の言葉で現場の人々に哲学を語り、それに対するメンバーの反応を見聞きし、かつ仕事のなかでその哲学を背中に浮き彫りにするような行動をとる、という形になるだろう。

いわば、仕事の場で創業者とメンバーとの間で言葉と背中のキャッチボールがひんぱんに繰り返されることによって、組織として共有できる経営理念が育まれていくことを狙うのである。

そのための仕事の場の工夫、つまり理念共有が実際に起きやすいような仕事の場の設定も、創業期の企業での育みプロセスの設計の重要なパターンであろう。それが、育みプロセスの第二の設計変数である、メンバーの参加のあり方の大きな候補である。

たとえばヤマトでは、小倉が自分一人で練り上げた宅急便のコンセプトを実行に移すための現場のメンバーによるワーキンググループ（一〇名ほどのメンバー）を、宅急便参入直前につくった。そのグループに小倉は次の世代の経営幹部候補の多くを参加させ、自分がリーダーとなりながら細かな宅急便の実行計画をつくっていったのである。

その計画作成のための議論のプロセスは、小倉自身による小倉哲学の解説の場ともなっただろう。なぜ最後の計画の細部はこうでなければならないか、という理由の説明が論理の人としての小倉から大量にあったはずである。このグループ内のキャッチボールのプロセスから、小倉自身の経営哲学をベースにしたヤマトとしての経営理念の骨格が、組織のメンバーの間に育まれていった。

創業期には、活動実績がまだそれほどないのだから、大きなできごとの積み重なりが生み出す組織内の共通体験はまだ存在しない。その共通体験の欠如を埋めるために、経営者の経営哲学のあふれるほどの解説とメンバーとの議論が意味を持つのである。

もう一つの創業期の共通体験の欠如を埋めるための方策は、共通体験そのものを早急につくり出すような戦略を矢継ぎ早に打つことである。その戦略から、成功も失敗も、次々と生まれてくる。それによっていわば、「強烈なできごとの積み重なり」をあえてスピーディに自分たちでつくり出すのである。もちろん、その矢継ぎ早の戦略展開のアイデアの源泉として、経営者の経営哲学が意義を持つだろう。

理念育みプロセスの第三の設計変数である「現実との距離感」の創業期企業での設定としては、おそらく「大きな飛躍」が多くの場合に適切であろう。創業期だから、組織は活性状態であろうから、組織活性化をめざすのでは現実からのジャンプが短すぎる。しかし、「理想の姿」にまでジャンプする目標を設定するのは、まだ実績がほとんどないのだから、説得力に欠けるだろう。だから、「大きな飛躍」という距離感設定に落ち着くことが適切なのである。

成功を経験しさらなる発展をめざす企業では

この第二のタイプの企業（成功を経験したうえでさらなる成長をめざす企業）の場合、歴史はそれほどまだないが、しかしある程度の成功体験があるうえで、経営者が初期の成功からさらに脱皮して大きな発展を狙う、という状況であろう。この本で取り上げた六社の大半がこの段階を経験し、そしてこの段階で経営理念が生まれている。例外は、やや遅れて理念形成がされた松下だけであろうか。

したがって、この状況の企業には、前々項で考えた「体験からの学び」が一番ストレートに当てはまりそうだ。経営理念が育まれ、浸透し、さらに確固たるものとしてメンバーに共有されていくためには、「できごとの積み重なりの共通体験」というものをもとにした育みプロセスの設計が適切であろう。「大切な要因」「展開のストーリー」という二つの論理の将来での再現につながるような経営理念の育みを狙うのである。

まず、理念育みプロセスの第一の設計変数である経営者の役割については、自身の経営哲学をベースとして提供することはすでに初期の成功の段階で起きているだろう。したがって、「さらなる成長をめざす」段階になると、経営者の役割は育みプロセスの旗振り役と魂を吹き込む役がより中心的な、大きな比重の役割になるだろう。成功によって組織が大きくなってもいるだろうから、とくに新しい組織メンバーへの理念の植えつけと魂の吹き込みが重要になるのである。

もちろん、組織のメンバーがそうして育まれる経営理念をわがことと捉えるようになるためには、経営者の経営理念へのコミットメントが重要である。そのコミットメントをメンバーたちがきちんと感じるためには、経営者の経営哲学を本人がおりにふれて強く語る、本気度を背中で見せることも重要であろう。

メンバーの参加のあり方という第二の設計変数については、共通体験の幅と深さを拡大できるようなメンバー参加を、理念育みのために多様に考える、ということが中心になるだろう。

一つの参加のパターンは、これまでにすでにかなりたまっている共通体験をきちんと整理するための議論を、組織のメンバーも参加したうえで意図的に始める、ということである。「自分たちはなぜ成功できたのか」を考えるプロジェクト、といってもいい。グーグルの「10の事実」が言語化されてきた背景には、そういう公式・非公式の議論の場、それも経営者と初期の創業メンバーが語り合う場があったようだ。

さらにこうした議論の場づくりのもう一つのパターンとして、経営理念の成文化を目的とするプロジェクトを組織のメンバー中心に行う、それも何度か繰り返して行うことが有力な手段である。いわば、自分たちの成功の論理とその背後の理念についての「再確認作業」をあえて行う、ということである。

たとえば本田が、のちに三代目社長になる久米を中心として「社是」と「わが社の運営方針」をまとめさせたのは一九五六年。本田の会社としての創業の八年後だった。すでにかなりの成功という大きなできごとの積み重なった後の時期である。

組織のメンバーを仕事の場で共通体験の幅と深さを拡大するように仕向けるための第二の道は、できごとの積み重なりをさらに大規模に増やすような戦略をとることである。その拡大されたできごとの積み重なりから、「大切な要因」や「展開のストーリー」についての共通体験を多くの組織メンバーが仕事の場で納得感を持って経験することを狙うのである。

この戦略は、すでに創業期の企業で「共通体験の欠如」を補うための方策として紹介したが、かなりの成功を積み重ねた後の段階であるこの第二のタイプの企業の場合は、じつは「共通体験の急拡大」を狙える状況になっている可能性が高い。その状況を利用するのである。

つまり、現場の仕事の場で理念と実践のキャッチボールが、経営者と組織のメンバーの間でひんぱんに起きることを狙う。もちろん、こうした戦略の最大の目的は事業展開の加速なのだが、その加速が経営理念を育むことにも大きく貢献することを忘れるべきでない。

たとえばヤマトが、初期の成功から六年ほどの時間が経っていた一九八一年から、宅急便ダントツ計画（三年計画）という拡大戦略を一次（八一年）、二次（八四年）、三次（八七年）と三回にわたって立て続けにとったのは、そうした「初期の成功の大規模な繰り返し」を狙った側面もあったと思われる。

あるいは、ホンダがオートバイの世界的レースでの完全優勝（二つのクラスでの一位から五位独占）という大きなできごとを経験した一九六一年から三年後に、早くも四輪のレースの最高峰F1への参戦を宣言し、ほとんど同時に四輪事業への参入を開始する。そして、その翌年（六五年）にはF1のメキシコグランプリで優勝してしまう。矢継ぎ早に大きな成功を積み重ねて、成功の共通体験の幅と深さを一気に拡大しようとするのである。

そうした共通体験の拡大によって、それを可能にした経営理念への組織の理解とコミットメントを深くすることが、理念育みプロセスとしての狙いである。

育みプロセス設計の第三の変数である「現実との距離感」については、すでにかなりの成功があるという現実から出発するのだから、大きな飛躍あるいはさらに理想の姿を狙う、という目標設定が適切であろう。すでにある成功が、理想の姿をめざすことが十分に可能であるという説得材料になるだろう。

そして、この本で取り上げた六社の場合、あえて理想の姿に近い距離感設定をして理念をさらに育む、浸透させる努力をしたことが、彼らの長期にわたる成功の一つの要因になったと思われる。彼らはすべて、少なくともその後の歴史のある段階までは、かなり理想的な姿に近づけたのである。

歴史を背負いつつ新たに理念経営に挑戦する企業では

理念育みプロセスの設計を考える第三のタイプは、歴史を背負いながら、新たに理念経営に挑戦する企業である。おそらく、歴史を背負いながらも最近は大きな発展ができていない。だから、理念経営に挑戦したくなる、というケースである。

このタイプの企業には、大きなできごとの積み重なりという共通体験が、過去の長い歴史のある時期にはあったかも知れないが、現在の組織のメンバーには共有されていないことが多いだろう。そういう大きなできごとの積み重なりが最近はないからこそ、歴史がありながら大きな発展がそれほどできていないのである。

このケースが、経営理念を育むプロセスの設計として一番むつかしい。歴史を背負っているということは、じつは歴史の沈殿物、マイナスのインパクトをもたらしかねないさまざまな記憶、そういったものが組織のなかに大量にある可能性を意味していることが多いからである。

したがって、理念経営のために経営理念を育むという努力が重要となると同時に、あるいはその努力が意味を持つ前提条件として、歴史の沈殿物への対策が必要になるだろう。

どのような沈殿物があるかは企業によって異なるだろうが、理念経営に挑戦することへの障害になることが懸念されるのは、前章の最後に理念経営の基盤として指摘した三つの要因が欠けている状態になってしまっている、という沈殿物である。

・経営者の経営哲学
・自律的思考の重視
・本質的思考の重視

理念経営に新たに挑戦しようとするのだから、すでに経営者の経営哲学がきちんとしているという状況は、のちに述べる日本航空再建の際の稲盛の場合のような特殊な例をのぞけば、ありそうにない。むしろ、そういう哲学のある経営者を欠いてきた組織では、「理念なんぞがナンボのもんだ」という白けた雰囲気があるのがふつうだろう。その種の冷たい雰囲気という歴史の沈殿物を乗り越えるためには、新たな経営者はよほどの覚悟で自分の経営哲学を磨き、かつ組織のメンバーに語りかける必要があるだろう。

歴史がありながら低迷がちの組織には、現場が積極的に動くという空気が欠けていることが多い。それが、「自律的思考の不足」という歴史の沈殿物である。それを乗り越えるためには、その組織の過去の常識を大きく外れるほどの現場への権限委譲がきちんと実行され、自律的思考をしてもいいのだと現場に納得させる必要がある。そのうえで、自律的思考の際の「灯台」として経営理念を育むのである。

本質的思考についても、同じようなことがいえるだろう。現場の人々が現場の本質をよく考えている組織では、現場は生き生きと動くものである。そうであれば、歴史のなかの低迷という事態にはならない。その本質的思考の重要性をあらためて現場に説くためには、それを後押しする経営哲学を経営者が持ち、かつ育まれる経営理念が本質を考えることを促すようなものである必要があるだろう。

こうして、歴史の沈殿物対策での経営者の役割とその経営哲学の意義は大きいのだが、一般的に理念育みプロセスでの経営者の三つの役割にとっても、経営者の経営哲学の重要性は大きい。

まず、経営理念のベースとしての経営哲学を提供できるためには、そのベースとしての意義を持つだけの強さのある経営哲学が必要だろう。そして、育みプロセスの旗振り役としてメンバーに認められるためには、自分自身の経営哲学が何かを経営者は問われるだろう。魂の吹き込み役としても、自分の背中に理念経営への本気度が表れなければならない。その本気度の裏には、経営哲学があるのがふつうである。

組織のメンバーの理念育みプロセスへの参加も、かなりの規模となる必要があるであろう。丁寧な時間をかけた育みプロセスの設計が重要である。

たとえば、創業期の企業のケースでも解説したように、大きなできごとの共通体験の不足を補うために、理念を語り合うプロセスを重視する。

あるいは、自社の過去の歴史に隠されたその組織のDNAとでもいうべきものを掘り起こせないかを多くのメンバーで議論するのも、もう一つのありうるプロセス設計である。みんなで自社の歴史を、過去の資料を漁り、あるいは過去を知る語り部から聞き、そこに隠されたDNAがないかを考えるのである。いわば、共通体験の薄さを補えるDNAを、育みチームとして掘り起こすのである。

しかし、そんな補えるほど強いDNAはあまりないことを覚悟した方がいい場合が多いかも知れない。その場合は、他社の経営理念に学ぶこと、しかも深く掘り下げて学ぶことで、代用するしかないであろう。ただし、美しい言葉にまどわされて、空虚な経営理念をつくってしまわないように気をつけながら。

育みプロセスの第三の設計変数である「現実との距離感」の設定は、組織の活性化に留めておくのが、ぎりぎり実行可能な限界であることが多いだろう。「大きな飛躍」を歴史のなかのかなり低迷状態にある企業に求めるのは、無理というものである。理念経営を丁寧に行って組織の活性化がかなりできた段階で、はじめて距離感を「大きな飛躍」にまで伸ばしていいかを考えるべきであろう。

稲盛による日本航空再建プロセスでの理念経営の導入は、まさに意識改革とそれによる組織の活性化という距離感が設定された例である。

また、前章で安易な理念経営への試みに対するルメルトの怒りを紹介したが、理念うんぬんを議論する前に、もっと地道な戦略でつまずいている企業が多い。とくに歴史を背負いながらも大きな発展を実現できていない企業は、そうした状況であろう。そのときに、そんなまずい戦略をきちんと立て直さないままに、経営理念を語りはじめるのは、順序が間違っている。

まず戦略を立て直して、そのうえでより生き生きした企業をめざすために理念経営を導入すべきなのである。ルメルトが怒るのも無理はない。経営の全体像における戦略の重要性を軽く考えすぎる経営者に、彼は怒っているのである。

まずい戦略がとられてきた、というのも、一種の歴史の沈殿物といえるだろう。その沈殿物対策をきちんとすることを覚悟したうえで（つまりこの場合は戦略をきちんと立て直したうえで）、理念育みプロセスをしっかり設計する、という経営はありえていい。もちろん、創業期の企業の例で強調したように、大きなできごとの積み重なりを加速することを意図した戦略をとるという選択肢が重要になることも多いだろう。

その成功例が、日本航空再建プロセスでの稲盛の経営理念の強調であろう。稲盛は、不採算路線の縮小を含む運行路線の大改革（つまり戦略の立て直し）や日常の採算レベルのしっかりした意識を持たせるための「アメーバ経営」（現場の組織運営に自律性を持たせる仕組み）を強調する一方で、自分の経営哲学を組織に強く訴えた。現場の意識改革は、そうした経営哲学を現場の自分たちの理念として「わがこと」としない限り、無理だと考えたのである。

路線改革やアメーバ経営は、「大きなできごとの積み重なり」を現場が短期間に経験することに貢献した。その共通体験を組織に理念として浸透させるために、稲盛の経営哲学の訴えが意味を持ったのである。

日本航空の場合、理念経営の最重要基盤としての「経営者の経営哲学」は、再建初期には稲盛によって「組織のなかに輸入」された。しかし、稲盛が去った後の経営を考えれば、後継者が自分の経営哲学をきちんと持ち、それが稲盛が日航に植えつけた経営理念と矛盾しない形で存在することが大切であった。それを、後継者の選択と彼らへの経営哲学の注入という形で、稲盛は実現したのである。

ただし、歴史を背負いながらの稲盛レベルでの理念経営が、ふつうの経営者に簡単にできると思わない方がいい。しかし、簡単ではないからといって、不可能と思う必要もない。

いずれにせよ、自分の経営哲学をきちんと持つ覚悟が、最低条件として必要であろう。それがなければ、組織のメンバーが理念をわがことにしようと、経営者の背中を信じることはないと思われるからである。その覚悟のない経営者は、そもそも理念経営への挑戦をあきらめた方がいいかも知れない。

理念の仕上がりをチェックする

以上、三つの状況に分けて経営理念の育みプロセスの設計を考えてきた。この章を終えるにあたって、そうして育まれてくる経営理念が「いい理念」かどうか、育みプロセスの仕上がりをチェックするための項目を前章までの議論から考えてみよう。

私は第Ⅳ章で、いい企業理念の共通項を以下のようにまとめて紹介した。

・社会のなかの自社の位置づけ（社会的使命）がイメージ可能なように描かれている
・時間をかけて一貫して追える、長期的展望がある
・理想を追うが、非現実的でもない

さらに同じ章で、いい組織理念の共通項として次の三つを指摘した。

・具体性のある指針だが、細かな指示ではない
・そこまで言うか、という驚きの要素がある
・人間の足らなさや弱さを前向きに突いている

これらの六つの共通項のすべてをかなりのレベルで満たすような経営理念（企業理念＋組織理念）をつくりあげ、それを現場が納得して受け入れるのは、それほど簡単なこととは思えない。だからであろうか、多くの企業がミッション、バリュー、パーパスなどという名のもとに経営理念を公表しているが、その文言の多くがこの六つのチェックに通らないレベルで終っているようだ。

とくに、歴史を背負いながら理念経営に挑戦する企業にそんな例が多いのは、無理もないかも知れない。そうした企業の一つの幹部からも、私は理念そのものや育みプロセスへのかなり生々しい不満を聞いたことがある。

第Ⅳ章に続く第Ⅴ章では、私は理念経営の落とし穴を議論したが、そこであげた基本的な考慮項目もまた、経営理念の仕上がりあるいはそれを育むプロセスの適切さのチェックに使えるであろう。

たとえば、私があげた次の四つの落とし穴を意識して、その落とし穴にはまってしまっていないか、と理念の仕上がりをチェックするのである。

- ・空疎な経営理念
- ・理念共有が個人の自由や多様性を侵す
- ・経営理念の劣化
- ・理念偏重で経営のバランスが崩れる

なかでも、空疎な経営理念になっていないか、というチェックは、もっとも基本的であろう。理念育みプロセスが、空疎な言葉づくりになってしまう危険をはらんでいるからである。

さらに基本的なチェックは、前章でも紹介した理念経営の基盤がそもそも自社にあるのか、その基盤とマッチした経営理念になっているか、というチェックであろう。

この基盤が大きく欠けている企業は、そもそも理念経営への挑戦はあきらめた方がいい、あるいは基盤整備（たとえば、自律的判断を現場が行うような組織にする）を行ったうえで、組織全体をより生き生きとするために理念経営への挑戦を考えた方がいいだろう。

そのうえで、前項でも強調したように、経営者自身の経営哲学の存在そのもののチェック、そしてその哲学ときっちりと関係を持った経営理念になっているか、というチェックがもっとも重要であろう。

こうして合計すると一三の理念仕上がりのチェックポイントをここで私はあげているのだが、これらすべてをマニュアルのように使って仕上がりチェックをすべき、という機械的な考え方はしない方がいいだろう。このリストのなかから、自分の企業の置かれた状況に応じて、理念の仕上がりのチェックには何を重んじる必要があるか、をそれぞれに考える必要があるということである。

終　章

そこそこの経営、いい経営、すばらしい経営

経営理念が現場の心に火をつける

そこそこ、いい、すばらしい

アメリカの教育者ウィリアム・ウォードに、教師についての次のような名言がある。教師のよさの四段階をうまく表現している。

“The mediocre teacher tells. The good teacher explains. The superior teacher demonstrates. The great teacher inspires.”

「そこそこの教師は、指示をする。いい教師は、説明する。すぐれた教師は、模範を示す。偉大な教師は、心に火をつける」

inspireという英語は、「心に火をつける」と訳すのがこの文章での語感として適切だと私は思う。たんに「触発する」と訳したのでは、とても「偉大な教師」の偉大さの感覚に迫れない。

このウォードの言葉は、教師を経営者あるいは管理者に取り替えても、まったく同じように成立する文章であろう。

そこそこの経営者は、指示をする。つまり、部下に指示するだけなのである。そして、いい経営者になると、なぜその指示の行動が必要かを部下に説明する。さらにすぐれた経営者は、自らの行動で模範を示す。そして、偉大な経営者は、部下の心に火をつける。彼らが奮い立つのである。

そうして経営者が行う経営という行為とその成果もまた、「そこそこ」から「偉大」までの四段階に分けられるであろう。ただ、私の語感では、経営という行為には偉大という言葉よりは「すばらしい」という言葉の方がフィットすると思う。また、「いい」と「すぐれた」の違いは部下へのメッセージの伝え方の違いだと思われるので、経営の本当のインパクトについては「いい」も「すぐれた」も同じ「いい」というカテゴリーに入ると理解して、あえて次の三段階にまとめてみたい。

つまり、経営の三段階を、

・そこそこの経営
・いい経営
・すばらしい経営

の三つに分けるのである。この段階分けで、経営理念と戦略が経営全体に与えるインパクトを、以下のようにより明瞭に説明できるようになる（もっとも、すべての分類を三つにまとめたいというのは、私のクセというべきかも知れない）。

そこそこの経営といい経営との違いの最大の鍵は、戦略にありそうだ。

そこそこの経営の段階では、戦略という事業活動の設計図がはっきりしていない、あるいはうまくつくられていないために、組織のメンバーたちの努力が一つの方向性を持った集中にならない。だから、資源分散や努力拡散で、組織として成果があまりあがらない。また、市場動向にもマッチしない危険が高く、その面からも成果がたいしてあがらないことになるだろう。したがって、「そこそこ」という評価の経営になっている。

しかし、戦略が市場の動向や顧客のニーズ、あるいは自分たちの組織能力基盤などにマッチしたものになっていると、組織としての成果があがる。外部の環境や自分たちの資源・能力をうまく使えるからであるし、またそうした設計図に組織のメンバーが従えば努力の集中が生まれることも、大きなプラスになる。

さらに、それだけでなく、戦略がきちんとできていると、それに合わせて経営システムも人事もその戦略の方向性に合わせてつくりやすくなる。その総合効果として経営全体がスムーズに機能しやすくなるために、組織としての成果があがるのである。

すばらしい経営のキーワードは、「心に火をつける」ということである。

すばらしい経営のもとでは、働く人々の心に火がついている。その火ゆえに、人々の努力の程度やものごとの徹底度合いが、一段階あるいは数段階上がる。しかもそれが、組織のあちこちで起きる。その結果、組織全体としての成果が大きくあがり、あるいは現場の驚くべき行動につながるのである。

序章で紹介したような、二〇一一年の東北太平洋沿岸地域で、二〇〇二年のカリフォルニアで、ヤマトとグーグルで起きた現場の驚くべき行動を思い出して欲しい。その行動の背後には、彼らの心に火がついたという状態があった。その火をつけた大きな要因の一つが、じつは経営理念だったのである。

理念が人を動かした、と序章で私は書いたが、より正確には、理念が人々の心に火をつけ、その火が彼らの行動を呼び起こしたのである。

つまり、いい経営とすばらしい経営の違いの最大の鍵は、経営理念にある。いい経営までは、理念なしでも戦略さえあればいける。しかし、すばらしい経営に到達するためには、さらに理念・哲学という経営成分が本格的に加わることが必要のようだ。

いい経営のその先をめざす

経営者なら、すばらしい経営をめざしたいと思うのは、当然であろう。しかし、そこをめざすのには、順序がある。そこそこの経営、あるいはダメな経営しか実現できていない状況からいきなりすばらしい経営をめざすのは、順序違い、順序飛ばしというものであろう。まず、いい経営をめざし、それができた後で次にすばらしい経営へとさらに目標を上げていく、それが当然の順序である。

しかし、理念経営が流行のようになり、ミッション、バリュー、パーパスを語らなければならない、と思ってしまうと、その順序違いが起きてしまいそうだ。理念経営が蜃気楼のように目の前に拡がり、それをすぐにめざせば現状を大きく改善できる、と思ってしまう。

私は第V章でルメルトの理念経営への「怒り」を紹介したが、「ビジョン、ミッション等々と順繰りに『ステートメント』なるものを作成するのは単に時間の無駄である」とまで彼に書かせた対象となった経営者は、自分で戦略の決断をしたくない経営者だった。自分で戦略をつくらず、あるいはつくれず、それを現場に任せようとしたお門違いの経営者だった。

彼女は、この項で私が指摘している「順序違い」をしているのである。そこそこの経営、あるいはダメな経営をしているのに、戦略をきちんと設計することも自分でせずに、経営理念へと走っている。それでは、すばらしい経営などとても無理だし、むしろ現場が白けてそこそこの経営がダメな経営へと転落してしまう危険が大きい。

しかし、そういう事例がかなり多い（日本でもそうだろう）からといって、理念経営がすばらしい経営をもたらす可能性まで否定するのは、行きすぎである。順序違いと否定するだけでいい。

おそらくルメルトは、理念経営の意義を信じていない。だから、経営理念などにうつつを抜かすのは時間の無駄だ、とまでいうのである。しかし、それは経営理念の意義の過小評価だ、と私には思える。

そこそこの経営をいい経営にするには、まず戦略を考えよ、というルメルトの意見に、私はもちろん賛成である。いい加減なミッション、バリューの議論を見て、それを批判したくなる彼の気持ちも理解できる。

しかし、いい経営の、その先に、まだすばらしい経営にまで到達できる可能性が十分にある。それをめざすことを考えようではないか。

すばらしい経営では、人の心に火がつく。それは、人心が統一され、心が奮い立つ、ということである。そして、人の心に火をつけるものは、経営者のリーダーシップ（背中）と経営理念であろう。

経営理念の存在と共有がいかに組織の人々の心に火をつけるか。その理由は、すでに第

Ⅱ章で解説した、以下の三つの理由である。

・個々のメンバーのモチベーションが上がる
・メンバーの間の協力や調整がしやすくなる
・メンバーの間の共感という心理的エネルギーを高める

簡単に振り返れば、正しい理念を追求しているという思いとその哲学的意味が、人を動かすスパナとして作用し、人の気持ちを強くし、モチベーションを上げる。また、同じ理念を共有していると、他のメンバーとの協働がしやすくなる。そしてそうした状況は、人々の間に共感をもたらす。共同体感覚が強くなるといってもいい。そうしたことの総体が、組織の心理的エネルギーを全体として高めるのである。

もちろん、こうした「心に火がついた」状態になっていなくても、人々がそれなりにきちんとした行動をとるような集団で、そこに全体を率いる戦略として適切なものがあれば、「いい経営」にはなるだろう。しかし、さらにその先に「すばらしい経営」があるのである。

つまり、すばらしい経営を方程式風に表せば、次のようになる。それがこの本で一貫して私が説明してきた基本内容である。

「いい戦略＋いい理念＝すばらしい経営」

ただし、いい理念が人々の「心に火をつける」ことがなぜ可能なのかの大前提として、人々がかなりの自由を許されている状態、そのなかで自分でかなりの自律的選択をしているという思いがあることをあらためて指摘しておく必要がある。その自律的選択が可能な状況だからこそ、自分の選択で「自分なりにきちんと理念を追求している」と思えるのである。その思いが、心に火をつける。ただ上からの言いなりになっているだけでは、人の心には火はつかない。

つまり、理念経営がすばらしい経営となってくれるためには、

「現場に自由を与え、彼らの自律的思考を重んじ、しかし理念で導く」

という経営が重要なのである。もちろん、その事業活動を支える設計図としての戦略がきちんとあることが前提である。

私がここでまとめた「理念経営のあるべき姿」は、じつは第I章で紹介したペイジの経

営哲学と本質は同じものである。彼の経営哲学を再掲すれば、以下のような哲学である。

「グーグルは（組織のメンバーの）この『自律的思考』をあらゆる活動の基礎にしてきた」

「適切な人材と壮大な夢がそろえば、たいていの夢は現実になる。たとえ失敗しても、重要な学びがあるはずだ」

ペイジがグーグルで育んだのは、壮大な夢であり、「世界の情報を瞬時に誰にでも届ける」というグーグルのミッション（企業理念）であり、現実的な「10の事実」という組織運営の基本方針（組織理念）であった。

組織のメンバーは、自律を許されていて、しかし大きな戦略の方向性もきちんと提示されている。その上に、共有できる経営理念がある。経営者と現場も、現場のメンバーの間でも、人心が一つになり、心に火がつく。

理念経営のあるべき姿が、ここにある。

孫子曰わく、一に道

じつは、ペイジの経営哲学と同じようなメッセージが、約二五〇〇年前の中国で発信されていた。驚くべきことに思えるし、しかし人間という生き物が昔から変わっていない部分が大きいことを考えると、うなずいてもしまう。

約二五〇〇年前に書かれた中国の兵法書の古典『孫子』に、理念こそが国の経営にとって、国防にとって最重要、という意味の、次の言葉がある（以下のくわしい解説は、拙著『孫子に経営を読む』〔日経ビジネス人文庫〕を参照）。

「一に曰わく道、二に曰わく天、三に曰わく地、四に曰わく將、五に曰わく法」

これは、一国の君主が国防を考える際に注目すべき五つの鍵要因について、孫子が書いたものである。孫子らしく、きちんと優先順位がついている。

まず道とは、「民をして意を上と同じくさせる者」と孫子はいう。道という言葉自体は、あるべき姿についての理念のことであろう。それを君主がしっかりと考え、かつきちんと提示すれば、上下の意思を統一させる機能を持つ、という。そして、そうした意思統一ができれば、民は自分の生き死にを君主に委ね、疑うことはない、とまで孫子は書いている。

二の天と三の地は、君主が国防の策を考える際に考慮すべき環境のことである。そして將とは現場の指揮官を意味し、法とは軍隊の運用の仕組みのことをさす。

企業にも通用する言葉でこの五つの要因を言い換えれば、一が理念、二と三が環境、四が現場の指揮官、五が経営システム、ということである。しかし企業経営について考えるなら、環境を出発点にしてそれへの対応を懸命に考え抜いて経営者が決めるべきものは、戦略であろう。事業活動の基本設計図としての戦略である。

したがって、理念、戦略、現場の指揮官、経営システム、この四つが経営の成否を決める設計変数で、君主あるいは経営者が決めるべきもの、と孫子はいっているのである。経営者の考えるべきことを語っていて、まさにドンピシャである。

五つの要因の第一順位が道であることに、私は驚いた。しかも孫子は道つまり理念がもたらしてくれるものを、明確に意識している。人心の統一、上下の意思の統一である。

それが、兵にとって、国防にとって、一番大切だ、と孫子はいっているのである。なんのために国を守るか、どのように守るか、という基本思想が民の間に統一されていなければ、いかに装備がすぐれていて、軍隊編制が効率的でも、結局は戦に勝てない。現場で、自らの命を賭して現実に戦うのは、一人ひとりの兵士なのである。

企業でもまったく同じである。現場で汗を流し、知恵をひねり出して事業活動を行うのは、現場の一人ひとりの従業員である。彼らの間の、そして彼らと経営者の間の、人心が一つになっていなければ、一人ひとりの行動はバラバラになる。それでは市場競争に勝てない、現場の効率は上げられない。すべては、チームプレーなのである。

そのうえで孫子は、この言葉（一に曰く道……）とは別の箇所で、「勝ちを知るに五あり」と戦さに勝つための条件を五つあげているが、その一つは現場の将の自律性の重視なのである。孫子は、こう書く。

「將の能にして君の御せざる者は勝つ」

御すとは、いちいち指示を与えるということである。それをしてはならない。現場に自律性を与え、現場に思い切ってやらせることこそ、肝要だと孫子はいう。もちろん、その自律性の根幹に、共有すべき道、理念があるのである。

ペイジと考えていることは似ている、と私には思える。

「現場に自由を与え、彼らの自律的思考を重んじ、しかし理念で導く」

約二五〇〇年前の中国と現代のカリフォルニアが、共鳴している。そしてその共鳴音の背後に、浜松の本田宗一郎の声も聞こえる。

経営者は、自分の経営哲学を持ち、組織と共有できる経営理念を育むことに努めること、それで現場の心に火がつくことをめざすこと、それが大切である。それが、「すばらしい経営」を実現するための（少なくとも一つの）あるべき姿なのである。

【参考文献】

・新将命『経営理念の教科書　勝ち残る会社創りのための最強のツール』日本実業出版社、２０２０

・Anderson, Steve&Karen Anderson, *The Bezos Letters:14Principles to Grow Your Business Like Amazon*, Morgan James Publishing, 2020

・伊丹敬之『経営を見る眼　日々の仕事の意味を知るための経営入門』東洋経済新報社、２００７

・――『本田宗一郎　やってみもせんで、何がわかる』ミネルヴァ書房、２０１０

・――『人間の達人　本田宗一郎』ＰＨＰ研究所、２０１２

・――『直感で発想　論理で検証　哲学で跳躍　経営の知的思考』東洋経済新報社、２０２０

・――『孫子に経営を読む』日経ビジネス人文庫、２０２１

・――『日本企業の復活力　コロナショックを超えて』文春新書、２０２１

・――『経営学とはなにか』日本経済新聞出版、２０２３

・――、西野和美編著『ケースブック　経営戦略の論理（全面改訂版）』日本経済新聞出版、２０１２

・稲盛和夫『稲盛和夫のガキの自叙伝』日経ビジネス人文庫、２００４

・――『生き方　人間として一番大切なこと』サンマーク出版、２００４

・――『京セラフィロソフィ』サンマーク出版、２０１４

・――『考え方　人生・仕事の結果が変わる』大和書房、２０１７

・――『経営12カ条　経営者として貫くべきこと』日本経済新聞出版、２０２２

・大西康之『稲盛和夫　最後の闘い　ＪＡＬ再生にかけた経営者人生』日本経済新聞出版、２０１３

・大田嘉仁『JALの奇跡』致知出版社、2018
・小倉昌男『小倉昌男 経営学』日経BP、1999
・――『経営はロマンだ!』日経ビジネス人文庫、2003
・――『やればわかる やればできる』講談社+α文庫、2005
・――『小倉昌男の人生と経営』PHP研究所、2012
・――『「なんでだろう」から仕事は始まる!(新装版)』PHP研究所、2012
・コリンズ、ジム、ジェリー・ポラス『ビジョナリー・カンパニー 時代を超える生存の原則』(山岡洋一訳)日経BP、1995
・コリンズ、ジム、ビル・ラジアー『ビジョナリー・カンパニーZERO ゼロから事業を生み出し、偉大で永続的な企業になる』(土方奈美訳)日経BP、2021
・坂上仁志『経営理念の考え方・つくり方』日本実業出版社、2015
・佐宗邦威『理念経営2・0 会社の「理想と戦略」をつなぐ7つのステップ』ダイヤモンド社、2023
・シュミット、エリック、ジョナサン・ローゼンバーグ『How Google Works 私たちの働き方とマネジメント』(土方奈美訳)日経ビジネス人文庫、2017
・ストーン、ブラッド『ジェフ・ベゾス 果てなき野望 アマゾンを創った無敵の奇才経営者』(井口耕二訳)日経BP、2014
・――『ジェフ・ベゾス 発明と成長をくりかえすアマゾンをいかに生み育てたのか』(井口耕二訳)日経BP、2022
・高橋浩夫『〝顧客・社員・社会〟をつなぐ「我が信条」 SDGsを先取りする「ジョンソン・エン

ド・ジョンソン」の経営』同文舘出版、２０２１
・名和高司『パーパス経営　30年先の視点から現在を捉える』東洋経済新報社、２０２１
・――『パーパス経営入門　ミドルが会社を変えるための実践ノウハウ』ＰＨＰ研究所、２０２３
・日経ビジネス編『ヤマト正伝　小倉昌男が遺したもの』日経ＢＰ、２０１７
・沼上幹『小倉昌男　成長と進化を続けた論理的ストラテジスト』ＰＨＰ研究所、２０１８
・野林晴彦『日本における経営理念の歴史的変遷　経営理念からパーパスまで』中央経済社、２０２４
・Hunt, Helena (ed.), *Jeff Bezos in His Own Words*, Agate Publishing, 2018
・ベゾス、ジェフ『Invent & Wander　ジェフ・ベゾス Collected Writings』（関美和訳）ダイヤモンド社、２０２１
・松下幸之助『実践経営哲学』ＰＨＰ文庫、２００１
・山田英夫『ビジネス版　悪魔の辞典』日経プレミアシリーズ、２０１６
・ルメルト、リチャード・Ｐ『戦略の要諦』（村井章子訳）日本経済新聞出版、２０２３
・Lowe, Janet, *Google Speaks*, John Wiley, 2009